増補新版

チェ★ゲバラ モーターサイクル南米旅行日記

エルネスト・チェ・ゲバラ＝著
棚橋加奈江＝訳

現代企画室

ポデローサII号に乗ったエルネスト・ゲバラ（1951年）

エルネスト・ゲバラのセルフ・ポートレート（1951年）

エルネスト・ゲバラ（左）とアルベルト・グラナード（右）

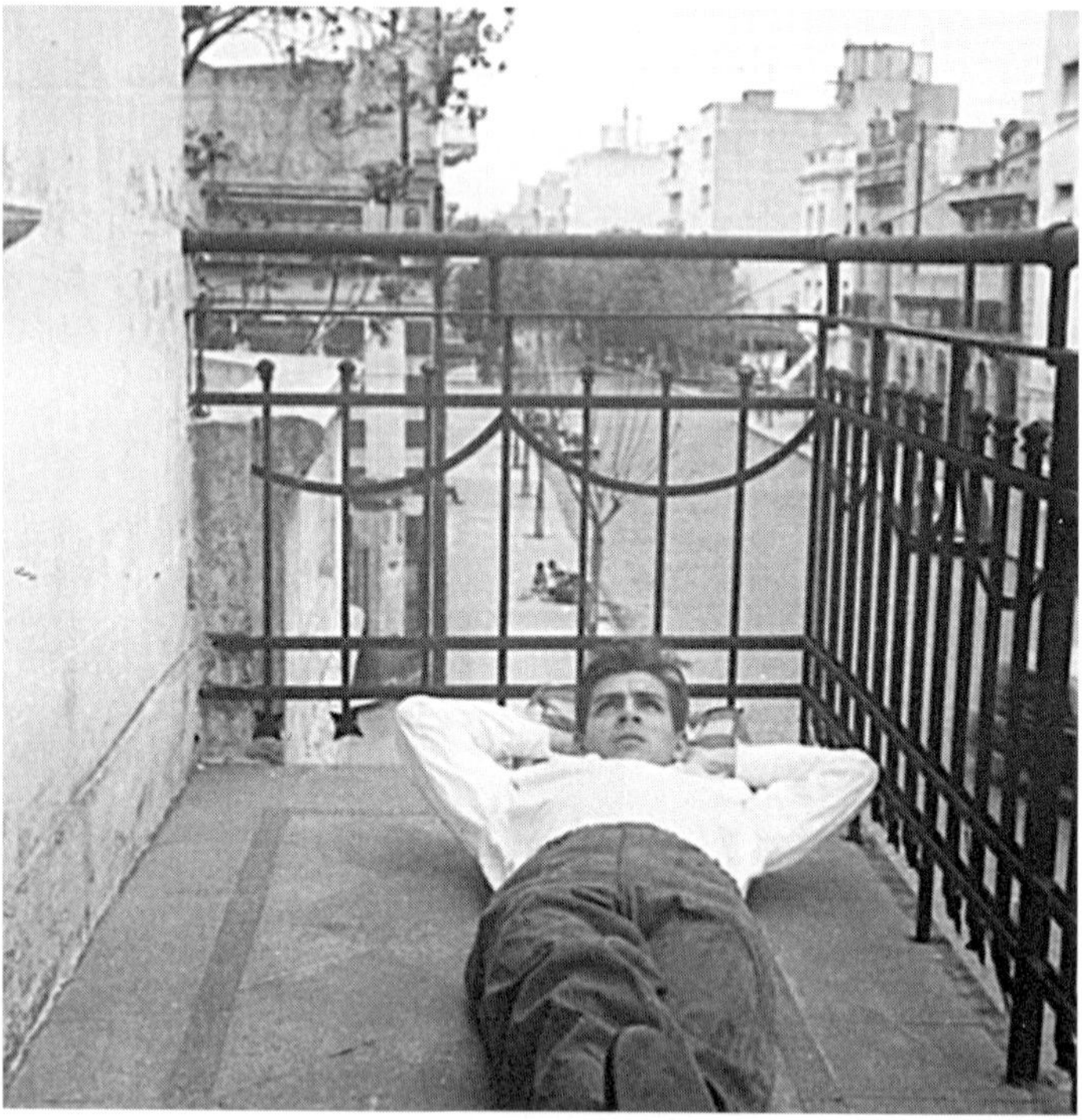

エルネスト・ゲバラ。アルゼンチン、ブエノス・アイレスにて(1951年)

エルネスト・ゲバラと友人。ブエノス・アイレスにて（1951年）

出発前、ポデローサⅡ号を囲むアルベルト・グラナード(前列左)とエルネスト・ゲバラ(中央、帽子を被っている)と友人たち

アルベルト・グラナード(中央)と、コルドバから来たふたりの友人。サンティアゴ・デ・チーレのサンタ・ルシーアにて(撮影者:ゲバラ、1952年3月)

上：モデスタ・ビクトリア号に乗ってチリへ向かうアルベルト・グラナード（撮影者：ゲバラ、1952年2月）
左上：ペルーのプーノからタラータに向かう（左から3人目がゲバラ。撮影者：グラナード、1952年3月25日）
左下：サクサワマン砦から見たクスコの町（撮影者：ゲバラもしくはグラナード、1952年4月）

上:「太陽の神殿」の廃墟の上に建てられたサント・ドミンゴ教会(撮影者:ゲバラもしくはグラナード、1952年4月)
左上:ペルー・アンデスの町、ピサック(撮影者・ゲバラもしくはグラナード、1952年4月)
左下:クスコのカテドラル(撮影者:ゲバラもしくはグラナード、1952年4月)

上:マチュピチュとワイナピチュ(撮影者:ゲバラもしくはグラナード、1952年4月5日)
左上・下:オヤンタイタンボ砦(撮影者:ゲバラ、1952年4月)

ペルー・アマゾンの先住民族、ヤグア人の家族と共に。子どもを抱くグラナード（右端）とサン・パブロ・ハンセン病診療所のブレシアーニ博士（左）（撮影者：ゲバラ、1952年6月）

サン・パブロ・ハンセン病療養所のスタッフと釣りをするグラナード（撮影者：ゲバラ、1952年6月）

「マンボ・タンゴ」号に乗ってアマゾン川をゆくグラナード（左）とゲバラ（右）（1952年6月）

本書旧版と増補新版の読者の皆様へ

一、一九九七年一〇月初版発行の『チェ・ゲバラ　モーターサイクル南米旅行日記』は、多数の読者に迎えられ、二〇〇三年六月現在で八刷りを重ねました。今後も読者がおられる限り、従来と同じ形で増刷を続けるつもりでおりました。

二、ところが、原著書の著作権管理人が、二〇〇三年五月をもって、私たちが出版契約を結んでいたイタリア・ミラノ在の Giangiacomo Feltrinelli Editore 社から、オーストラリア・メルボルン在の Ocean Press 社に移行した旨の連絡が、二〇〇四年四月になってありました。Feltrinelli Editore 社との契約はまだ有効期間内にありましたが、当事者間の話し合いの結果、私たちが今後も本書の刊行を続けるためには、Ocean Press 社との新契約が必要となりました。このことが最終的に決まったのは、二〇〇四年七月末日でした。

三、Ocean Press 社から二〇〇三年に出版された英語版は、“*The Motorcycle Diaries: Notes on a Latin American Journey*”と題され、従来の版には含まれていなかったアレイダ・ゲバラ・マルチによる「序文」と、ゲバラが後年（一九六〇年八月一九日）公衆衛生省研修課程開設式で行なった演説が付け加えられていました。また日本語版旧版に収めたもの以外の写真も収録されていました。

四、そこで、この新版では、タイトルを『増補新版　チェ・ゲバラ　モーターサイクル南米旅行日記』とし、右に触れた二つのテクストの翻訳を増補すると共に、新たな写真も付け加えました。

ゲバラが書きのこした「日記」の本文は、もちろん、旧版が依拠した、キューバで発行されたスペイン語原著に基づいて訳出したものを、そのまま収録してあります。また、「日本語版解題」では、その後の経緯を若干付け加えてあります。

五、旧版と増補新版の異同は、右のとおりです。このようにせざるを得なかった著作権上の経緯をご理解いただき、新版もまた、数多くの読者に迎え入れられることを、切に願うものです。

現代企画室

二〇〇四年九月

まえがき

私が初めてこの記録に目を通したとき、まだ本にはなっておらず、誰が書いたものなのかも知らなかった。そのころの私は今よりだいぶ若くて、自分の冒険談をじつにのびのびと語っている書き手に、すぐさま共感してしまった。もちろん、読み進むうちに、書き手が誰だかだんだんはっきりしてきて、彼の娘で本当に良かった、と思った。

読めば分かるようなことを読者にお伝えするのが私の目的ではない。だが、きっと、この本を読み終えたときには、いくつかのくだりをもう一度読み返して、味わってみたくなるに違いない。それはその部分に書かれていることがすばらしいからかもしれないし、あるいはそこから強い思いが伝わってくるためかもしれない。

幾たびか私は、文字どおりグラナードの代わりにオートバイにまたがり、父の背中にしがみつき、一緒に山を越え、湖を巡って旅をした。彼のやりたいようにそっとしておいたこともある。とりわけ、自分が何かをしている様子を生き生きと描いているときなどは、私だったら自分のことを語ったりはしない。だが、彼の場合には、彼という人がいかに誠実で分け隔てのない人だったかを、いまいちど物語ってしまうのだった。

正直なところ、読めば読むほど、青年時代の父をより愛しく思うようになってしまった。読者も私と同じ思いを抱くかどうかは分からないが、読み進むうちに、若きエルネストのことがどんどんよく分かるようになっていった。冒険へのあこがれから、またのちに実行に移すことになる偉大な行いの夢を胸に、アルゼンチンを去っていったエルネスト。そして、私たちの大陸の抱える現実を目の当たりにして、人間として成長し続け、社会的な存在にまで昇華していった青年。

彼の夢ややりたいことが変化していく様子が、少しずつ見えてくる。彼は、大勢の他者の痛みに次第に気づかされ、その痛みを自分のことのように感じるようになるのだ。

はじめのうちこそ、滑稽さと突拍子のなさで私たちを微笑ませてくれるのだが、ラテンアメリカ固有の複雑な社会や、そこに暮らす人びとの抱える貧困、また彼らがさらされている搾取について語るにつれ、彼はみるみる感受性を強めていく。にもかかわらず、ユーモアのセンスは決して失わないのだが、それですらより繊細で微妙なものへと姿を変えていく。

私の父、「今は亡きその人物」は、イメージひとつひとつを彩る、心に響く言葉を操って情景を描き出し、私たちのほとんどが知らないようなラテンアメリカを見せてくれる。おかげで私たちもまた、彼の目が捉えた事物を見ることができるのだ。

彼の語り口は新鮮だ。彼の使う言葉は、これまで耳にしたことのないような響きを持っており、その美しさゆえ、あるいはそのむき出しの事実ゆえにこのロマンチックな人が心を打たれた状況が、私たちの中に染み込んでくる。しかし、より確固たる革命への熱望を抱くようになってもなお、決して優しさを失わない。貧しい人びとにとっては、自分の医者としての学問的知識はそれほど必要でなく、むしろ、彼らが何世紀ものあいだ、取り上げられ踏みにじられてきた尊厳を取り戻して暮らせるような社会変革を起こすために、熱心にねばり強く行動することこそ必要なのだ、という自覚が、意識の中でどんどん大きくなっていく。

現実というものは、正しく理解されさえすれば、ある人間のものの考え方まで変えてしまうほどの浸透力を持っているのだということを、強い探求心と思いやりの力で、この若い冒険家は教えてくれる。

この慈しみに満ちた、表現力豊かでまっすぐな記録を、読んでみて欲しい。この記録は私にとって、ほかのどんなものより、父を一番近く感じさせてくれるものだ。読者もこの記録を味わい、彼と一緒に旅をしていただけたら幸いに思う。

もしも読者が、今後じっさいに彼の足跡をたどる機会に恵まれたならば、事態が変わっていないばかりか悪化すらしているのを目の当たりにして、悲しい思いをされることだろう。そしてこの事実は、後年「チェ」となったこの青年と同じように、もっとも弱い人びとを虐待する現実に対して敏感な者、今よりずっと公正な世界を作ることに協力する意志を持つ者にとっての、挑戦となるだろう。

それでは、私がかつて知っていたこの人と、その生き方をつうじて示した強さと優しさゆえに、私が深く愛しているこの人と、読者を二人きりにするとしよう。

どうぞお楽しみください。常に前進を！

アレイダ・ゲバラ・マルチ

二〇〇三年七月

装丁——本永惠子

原書版解題

ハバナにある「チェの個人文書保管所」で転写された、このエルネスト・ゲバラ・デ・ラ・セルナの旅行日記は、ひとりの青年のラテンアメリカ発見の旅にまつわる試練、波乱に富んだ出来事、途方もない冒険を物語るものである。エルネストはこの日記を、一九五一年一二月、友人のアルベルト・グラナードと共にブエノス・アイレスから待望の旅に出発する時から書き始め、以後アルゼンチンを大西洋岸沿いに下り、パンパを横切り、アンデス山脈を越えてチリに入り、チリを北に向かってペルー、コロンビアを通り、最後にカラカスに到着するまでを綴っている。

これらの体験記録は、後年、エルネスト自身によって物語風に書き改められた。それによって読者は、チェの生涯、とりわけごくわずかしか知られていない時期のことを深く知る機会を得るのだが、この記録自体はまた、彼の個性や文化的背景や文才——彼がその後の書き物で発展させるスタイルの起源——をことごとく明かすものとなっている。読者はまた、彼がラテンアメリカを発見し、その真髄に触れ、ラテンアメリカ人としてのアイデンティティの自覚を急速に育てていく——それこそが、やがて彼をアメリカの新しい歴史の先駆者に仕上げていくのだが——につれて、彼の内部で起こる並々ならぬ変化を目の当たりにすることができるだろう。

チェの個人文書保管所
「チェ・ゲバラ」ラテンアメリカ・センター
ハバナ、キューバ

増補新版　チェ・ゲバラ　モーターサイクル南米旅行日記■目次

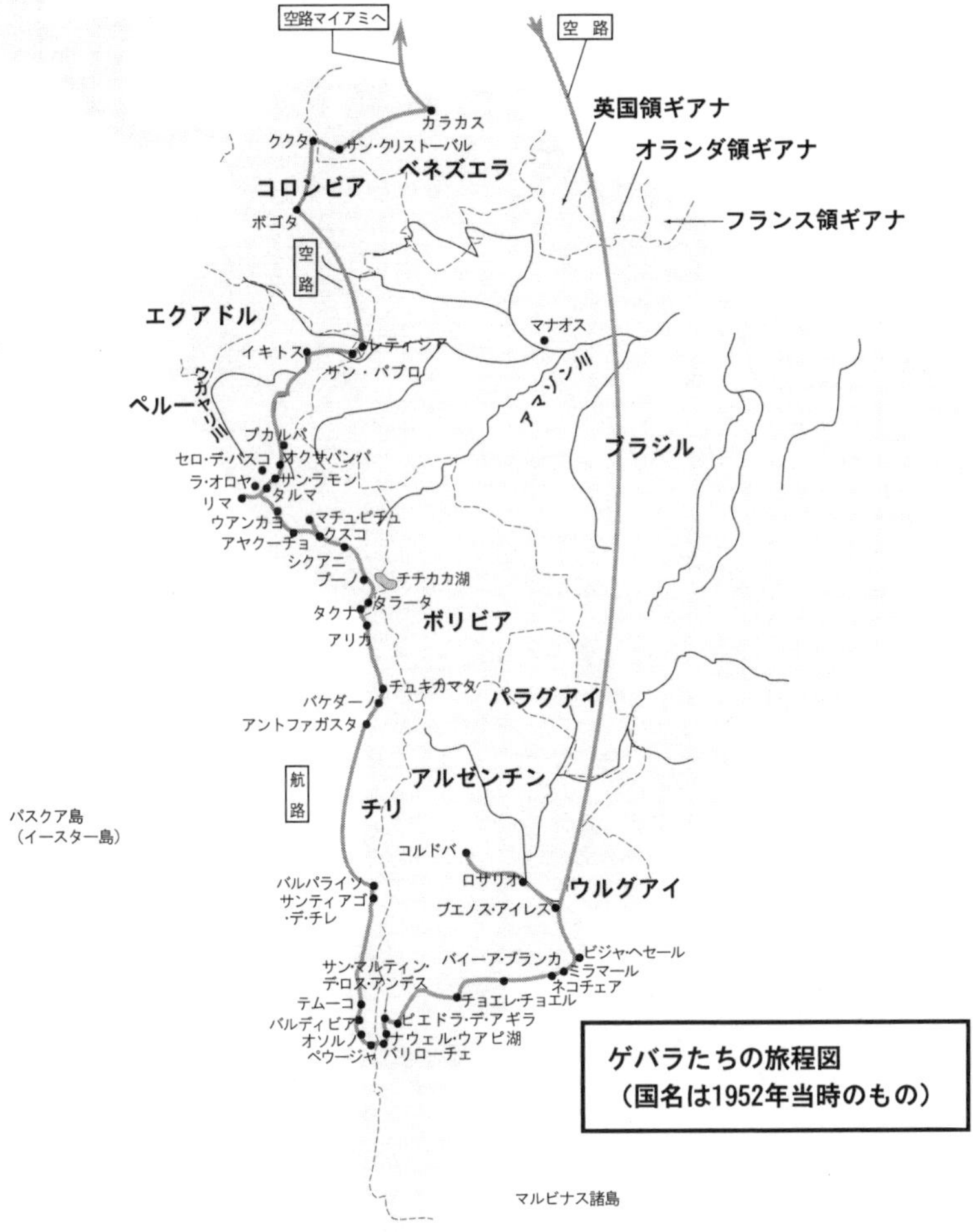

ゲバラたちの旅程図
（国名は1952年当時のもの）

マチュピチュ	4月5日
クスコ	4月6日～7日
アバンカイ	4月11日
ウアンカラマ	4月13日
ウアンボ	4月14日
ウアンカラマ	4月15日
アンダワイラス	4月16日～19日
ウアンタ	
アヤクーチョ	4月22日
ウアンカヨ	
ラ・メルセー	4月25日～26日
オクサパンパからサン・ラモンへの道中	4月27日
サン・ラモン	4月28日
タルマ	4月30日
リマ	5月1日～17日
セロ・デ・パスコ	5月19日
プカルパ	5月24日
「ラ・セネーバ」号に乗船してアマゾン川支流のウカヤリ川を下る	5月25日～30日
イキートス	6月1日～5日
「エル・シスネ」号に乗船(アマゾン川をサン・パブロのハンセン病療養所へ向けて航行)	6月6日～7日
サン・パブロのハンセン病療養所	6月8日～20日
いかだ「マンボ・タンゴ」号に乗って、アマゾン川を行く	6月21日

コロンビア

レティシア	6月23日～7月1日
レティシアを飛行機で出発	7月2日
途中、トレス・エスキーナスに滞在	7月2日
マドリッド。ボゴタから30キロの空軍の飛行場	
ボゴタ	7月2日～10日
ククタ	7月12日～13日

ベネズエラ

サン・クリストーバル	7月14日
バルキシメトとコロナの間	7月16日
カラカス	7月17日～26日

ゲバラのラテンアメリカ第1回旅行の旅程

アルゼンチン	
コルドバ	1951年12月
ブエノス・アイレスから出発	1952年1月4日
ビジャ・ヘセール	1月6日
ミラマール	1月13日
ネコチェア	1月14日
バイーア・ブランカ	1月16日～21日
チョエレ・チョエルに向かう	1月22日
ピエドラ・デ・アギラ	1月29日
サン・マルティン・デ・ロス・アンデス	1月31日
ナウエル・ウアピ	2月8日
バリローチェ	2月11日
チリ	
ペウージャ	2月14日
テムーコ	2月18日
ラウタロ	2月21日
ロス・アンヘレス	2月27日
サンティアゴ・デ・チレ	3月1日
バルパライソ	3月7日
「サン・アントニオ」号で航行	3月8日～10日
アントファガスタ	3月11日
バケダーノ	3月12日
チュキカマタ	3月13日～15日
イキーケ、トコの硝石採掘会社、ラ・リカ・アベントゥラとプロスペリダーの硝石採掘会社2社	3月20日
アリカ	3月22日
ペルー	
タクナ	3月24日
タラータ	3月25日
プーノ、チチカカ湖へ行く	3月26日
チチカカ湖を航行しようとする(実現せず)	3月27日
フリアカ	3月28日
シクアーニ	3月30日
クスコ	3月31日
マチュピチュへ向かって出発	4月3日

凡例

一、本書は *Notas de Viaje*, Ernesto “Che” Guevara, 1993, Ediciones Abril, Ciudad de la Habana の翻訳である。翻訳に当たって、構成上若干の変更を加えたが、それについては「日本語版解題」で説明した。

二、原文での引用符“ ”は、「 」で示した。大文字の訳語には傍点（、、）をふった。

三、原文中の（ ）内は、本文と文字の大きさを変えずに表現し、（ ）もそのまま使用した。

四、［ ］内は、本文理解上の便宜のために、原文にはない言葉を訳者が補ったものである。

五、（ ）内に、一行ないし二行で小さな文字で記したものは、訳註である。

増補新版　チェ・ゲバラ　モーターサイクル南米旅行日記

以下のことをご了承ください

これは人を感心させるような偉業の話でもなければ、単なる「ちょっぴり皮肉な物語」でもないし、少なくともそれは僕の望むところではない。これは、願望が一致し夢が一つになったことで、ある一定の期間を共有することになったそのときの、二つの人生のひとかけらである。人間というものは、一生のうちの九ヵ月の間に、最も高尚な哲学的思索から、スープ一皿を求めるさもしい熱情にいたるまで、実にたくさんのことに思いを馳せられるもので、結局のところ全てはお腹の空き具合次第なのだ。そしてそれが同時に何か冒険じみたものであれば、その間、もしかしたら他の人の興味を引くかもしれないような瞬間を生きることができるし、またそれを漠然と語っていくと、ここに記すようなメモになっていくのかもしれない。

こうして、コインが宙に投げ上げられ、何度も回転した。「表」が出たときもあったし、「裏」が出たときもあった。あらゆる事物の尺度である人物が、ここで僕のこの口を通じて語り、僕の言葉を使って僕の目が見たものを描写する。「裏」が出たのはたぶん十回に一回だけの確率だったかもしれないし、その逆だったかもしれない。そういう可能性はあるし、言い訳もしまい。僕の口は僕の目が語って聞かせたことだけを叙述するのだ。人間の目というものは広い視野を持ったことなどなく、いつもうつろい易くて、必ずしも平等な見方をするとは限らず、判断があまりにも主観的すぎると？　いかにも、けれどこれは、鍵盤をたたくに到らせた一まとまりの衝動に対して鍵盤の一叩きが与える解釈であって、その時にはもうあのはかない衝動は死んでしまっているのだ。法の重みを行使する対象となる主体はここにはいない。ここにあるメモを記した人物は、再びアルゼンチンの大地を踏んだときに死んでしまった。これらのメモを整理し、きれいに整える「僕」とは、僕のことではない。少なくとも内面は、前と同じ僕ではない。この「果てしなく広いアメリカ（南米大陸のこと）」をあてどなくさまよう旅は、思った以上に僕を変えてしまった。

写真技術に関するどんな本にでも満月が輝く夜景の映像が載っていて、その説明文は真っ昼間でもこの暗闇の秘密を解き明かしてくれるが、僕の網膜を覆っている感情という皮膜の性質は読者にはよく知られていないし、僕自身やっと見抜いたところで、だから映像が写された本当の瞬間を確認するために感光版に手を加えるなどということはできない。僕がある夜景を紹介して、皆さんがそれを信じようが反論しようがどうでもいいのだ。僕のメモが写し取った景色をその目でご存じでないなら、ここで僕が皆さんにお話しするもう一つの真実もまずご存じではないだろう。さて、「僕自身」に皆さんを委ねるとしよう。次のようなところを訪ねたこの僕に……。

前駆症状

十月のある朝のことだった。僕は十七日が休日なので（一九四五年十月一七日、幽閉されていたファン・ペロンが釈放されたことに因んで、当時この日は国の祝祭日とされていた。ペロンは一九四六〜五五、七三〜七四の大統領を歴任。）これを利用してコルドバに行っていた。アルベルト・グラナードの家のブドウ棚の下で、砂糖入りのマテ茶を飲みつつこの「ひどい人生」の最近の出来事についていちいちあれこれとあげつらいながら、僕らはポデローサII号（ノートン500型のモーターバイク。「強力」を意味するスペイン語。ポデローサI号は自転車だった。II号はアルベルトが購入した中古バイク。）の整備作業に専念していた。アルベルトは、サン・フランシスコ・デ・チャニャールのハンセン病療養所での仕事を辞めてしまったことや、エスパニョール病院でのひどく給料の悪い仕事について、ぶつくさ言っていた。僕だって［医学生としての］自分の身分を放りださねばならなかったが、僕の方は彼と違ってそうして本当によかったと思っていた。それでも、僕は僕で幾分味気なさを感じてはいたが、それは何より僕の夢見がちな精神のためだった。薬学研究所にも、病院にも、試験にもうんざりしていた。

夢想の中で僕らは遥か遠い国々にたどり着き、熱帯の海を渡って、アジア全域を訪れた。そして突然、僕たちの夢の一部として通り過ぎるところだったのが、こんな質問になってするりとすべり出た。「北米に行ったらどうかな？」

「北米に？　どうやって？」

「ポデローサに乗ってさ」

　こうして旅に出ることに決まったのだが、この旅は常に「行き当たりばったり」という大まかな方針に従って続けられることになった。アルベルトの兄弟も集まって、マテ茶を一巡り飲む（このお茶は、マテの葉を入れた容器に湯を注ぎ、ボンビージャと呼ばれる管で吸い上げて飲むのだが、湯を注ぎ足しては次々と回し飲みされる。）ことで、自分の夢を叶えるまでは諦めないことを二人とも確かに約束したことの証とした。残るは、許可証や免許状や証明書類をとるための、つまり旅行したいと思う人間の前に近代国家が設けている一連の障害を乗り切るための、単調でばたばたとした忙しさだ。僕たちの企てを危うくしないために、チリに旅行するということにした。僕の最も重要な使命は、出発前にできる限りたくさんの科目に及第することで、アルベルトの使命は、長旅に備えてオートバイを整備し、ルートを研究することだった。その時にはこの企ての中の重要なことは何も僕らの頭になくて、僕らに見えていたものはただ行く手の砂ぼこりだけ、オートバイにまたがって、一キロまた一キロとむさぼるように北への逃避行を進めている、自分たちの姿だった。

大洋との出会い

満月の輪郭が海の上に浮かび上がり、銀色の反射で波を覆う。僕らは小さな砂丘に腰を下ろし、いろんな強さの力で波が寄せたりひいたりするのを眺めている。僕にとって海はいつでも相談相手であり、僕の言うこと全てに耳を傾けてくれて、信頼のもとに打ち明けられた秘密を漏らしてしまうことなく、一番良い助言をしてくれる、そんな友達だ。その助言は海のとどろきで、それをみんな自分なりに解釈するのだ。アルベルトにとっては海は初めて見る光景で、彼に奇妙な心のざわめきを呼び起こした。その動揺は彼の熱心な目つきに表れており、大きくなって浜辺に到達しては消えていく波のひとつひとつを、見つめ続けている。三十近くになって初めて、アルベルトは大西洋を見たのだ。彼はその時、地球上のあらゆる地点へつながる果てしない道を自分に示したこの発見の重大さをかみしめていた。さわやかな風が吹いて、いかにも海の空気という雰囲気をいっぱいに感じさせている。この風の一吹きで何もかもが姿を変える。カムバック（旅程の途中に位置するミラマールで休暇を過ごしている恋人のチチーナにプレゼントするためにパレルモ公園でゲバラが買った警察犬の子犬。）、すら、目の前で一分間に何度も解かれる銀色の帯を、しみったれた奇妙な鼻面で眺めている。カムバックは一つの象徴であり生き残りだ。僕を絶対に戻らせようとする絆の象徴であり、彼自身の不運の生き残りなのだ。彼は二度までも袋詰めの状態のままオートバイから放り出され、馬に思いきり踏みつけられて骨折し、しかも執拗な下痢を患っている。

　僕たちはマール・デル・プラタの北のビジャ・ヘセールにある叔父の家に世話になっていて、これまで走ってきた千二百キロを勘定している。これは一番楽な道のりだったが、これだけ走っただけでもうかなりの距離になりそうだということが分かってきた。到達できるかどうかは分からないが、どうみても相当大変そうだという印象を受けている。アルベルトは綿密詳細な旅行計画を笑っている。その計画によれば、僕たちはもう最終目的地のすぐそばにいるはずだったが、実際には旅はまだ始まったばかりなのだ。

ヘセールから出発するときは、叔父が「寄付」してくれた豆と瓶詰め肉をたっぷりと持っていた。叔父は僕たちに、バリローチェに着いたら電報を打ってくれ、電報番号で宝くじを買うから、と言ったが、僕たちには大げさに思えた。一方で、他の人たちは、遠足に出かけるのにオートバイはいい口実だな、などと言っていた。僕たちは全然違うことを試してみようと固く決心していたのだが、生まれつきの警戒心が働いて自分を抑え、お互いを信用して口をつぐんだ。

海岸を走っているときにカムバックは相変わらず飛行士のような勢いを見せて、叩きつけられたにもかかわらずまたも無傷だった。オートバイは重心より後ろの方に重みがかかっていたので非常に操りにくく、ちょっとでもうっかりすると前が上がってしまって、僕たちを遠くへ放り出してしまう。道中の肉屋でアサード（塩をふった肉を焼いたもので、野菜などを添えてアルゼンチンではよく食べる。）にする肉を少しばかりと犬のためにミルクを買ったが、この犬はミルクを試そうともせず、僕はミルクのために払った七十マンゴー（マンゴーはお金を表す俗語）のことよりも、このちいちゃな生き物の体の方が心配になってきた。アサードの方は固くて、すごく変てこな味がして食べられないので、がっかりしてそれを一切れ投げてやると、犬は飛びついてあっと言う間にがつがつ平らげた。驚きあきれてもう一切れ投げてやると、同じことが起こった。ミルク食は終わりだ。カムバックのファンたちが引き起こしている大騒動のさなか、僕がここミラマールではまっていったのは……。

愛にまつわる余談

実際のところこのメモの主旨からは外れてしまうのだが、ミラマールでの日々のことをお話ししよう。ここでカムバックは新しい家を見つけることになったが、この家のある人のために僕はわざわざこういう名前を犬につけたのだ（ゲバラは、必ず戻ることをチチーナに約束するために犬をこのように名づけた。）。ここで旅は緩慢で煮えきらない状態に陥ってしまい、許したり束縛したりする言葉にすっかり言いなりになっていた。

アルベルトはこれはまずいなと思い始めていて、さっさと一人でアメリカ大陸の旅程のことに思いを巡らせていたが、口には出さなかった。競り合いは僕と彼女の間の問題だった。勝ち誇ってそこを去ったとき、僕の頭にはオテロ・シルバ（ミゲル・オテロ・シルバは、一九〇八年ベネズエラ生まれの左翼詩人。）の詩句が響いていた。勝ち誇って、というのは僕の思いこみかもしれないが。

私は裸足の脚が
船の中でパチャパチャと音をたてるのを聞き
空腹のために暗くなった表情を予感していた。
私の心は彼女と路の間を揺れ動いていた。

私には分からない、
一体どんな力で彼女の目から自由になり
彼女の腕から抜け出したのか。
彼女は不安を涙で曇らせて残った、
雨とガラスの向こう側で。
けれども私に向かってこう叫ぶことはできずに。
待って、私もあなたと行くわ！

後になって僕は、たどり着きたかった浜辺へと引き潮が木っ端を運んだとしても、その木っ端には「勝ったぞ」と言う権利はないのではないか、と考えた。けれどもそれは後になってのことだ。後で、というのは現在にとってはどうでもよいことなのだ。二日の予定がゴムのように延びて八日になったが、僕の生まれつきの口臭と混ざってほろ苦い味のする別れをすると同時に、僕はきっぱり冒険の風に身を任せるのだと感じた。想像では実際よりもずっと普通であろうと思われた状況の下で、実際よりももっと奇妙に見えて僕をそそる世界へと向かう冒険の風に。
今思い出すと、ある日、僕の友である海が、僕を護り、僕が渡り歩いていた地獄の辺土から救い出してくれる決心をしたのだった。浜辺には人気がなく、冷たい風が陸に向かって吹き付けていた。僕は、自分をその土地に縛り付けていた膝の上に頭をやすませていた。宇宙全体が、僕の内なる声の衝動を従えながら、リズミカルに揺れていた。世界は周りのもの全てによって揺り動かされていた。突然、強い風の一吹きが、はっきりと海の声を運んできた。僕はぎょっとして頭を起こしたが、それは何でもなく、ただの間違って鳴らされたサイレンだった。もう一度、優しく愛撫するような膝の上に僕は夢見心地でもたれかかったが、そのとき再び、海の警告を耳にした。その巨大で乱れたリズムは、僕の砦をガンガンと打ちつけ、弱々しい平静を脅かした。僕たちは寒くなって、僕を攪乱し捉えて放そうとしない存在から逃れて海岸をあとにした。浜辺の一角で、海はその永遠なる法則に無頓着に渦を巻いており、そこからあの僕を混乱させる符号、腹立たしげな警告が発せられていた。けれども恋する男は（アルベルトは味わいはあるがあまり文学的でない形容のしかたをした）、こういう警告に耳を貸せるような状態にはないのだ。ビュイックの広い車内で、僕の中のブルジョア的な側面に基づいた世界がつくられ続けた。

良いラリー走者の十戒の第一にこうある。

一、一つのラリーには二つの端がある。開始地点と終了地点だ。理論上の第二の点を現実の点と一致させたいなら、途中で修理するべからず。（ラリーというのは終わるところで終わる仮想の空間なので、終わりの可能性と同じ数だけ途中が存在する。つまり、途中は無限にあるのだ。）

僕はアルベルトの提案を思い出していた。「ブレスレットをとるか、おまえが本来の自分でなくなるかだな」。

彼女の両手は僕の手に包まれて途方に暮れていた。

「ねえチチーナ、このブレスレット……道案内として、それに思い出として、旅に連れていってもいいかい？」

かわいそうに！　みんなは彼女の指が、自分が主張するだけの金の価値に相当する愛情が僕にあるかどうか探ろうとしていたんだなんて言うが、僕は、彼女が金の重さなんて計らなかったことは分かっているんだ。少なくとも僕は、心からそう思っている。アルベルトは（僕が思うにちょっぴり嫌みを込めて）、二十九金もあるおまえの愛情に触れるのに、たいして繊細な指は要らないさ、なんて言っている。

最後の絆を絶つまで

僕らが次に立ち寄ったのはネコチェアで、そこではアルベルトの古い級友が働いていた。気軽な滞在で、僕らはある朝ちょうどアサードの時間に到着し、アルベルトの友人である僕らの同業者からは心のこもったもてなし、そしてその細君からはあまり心のこもっていないもてなしを受けた。細君は僕らのわけもない放浪に危険を察知したのだ。

「あなたはあと一年で大学を卒業できるのに、旅に出るんですって？　それでいつ戻るか分からないだなんて！　でも、いったいどうしてなんですの？」

彼女なりのものの見方で状況を想像しながら発せられた「どうして」という絶望的な問いに対し、僕がはっきり答えなかったので、彼女は身の毛のよだつ思いがしたのだ。常に親切に応対してはくれたが、僕らに対する敵意をちらつかせるのが見て取れた。軍配は細君の方に上がっていて、彼女の夫には「解放」の可能性はないと、彼女自身知っていたのに（僕は知っていたと思う）。

それより前にマール・デル・プラタで訪ねたアルベルトの友人の医師は、「ペロニスタ党に」入党していて、それなりにいろいろと問題を抱え込んでいたが、このネコチェア在住の友人の方は、相変わらず自分の政党、急進党に忠実だった。しかし、僕ら二人はどっちの政党からもあまりにも遠ざかっていた。僕にとって、急進主義が政治的立場として重要に思えたことは一度もなかったが、アルベルトにしても、急進主義は完全に意味を失っていた。アルベルトには、急進主義の重要人物と親交を結び、彼らを尊敬していた時期もあったのだが。三日間楽な生活をさせてもらったことで友人夫婦に礼を言ってから、オートバイにまたがって、バイーア・ブランカへと旅を続けた。僕らは前よりほんの少しだけ孤独になったと感じ、前よりもずいぶんと自由になったと感じた。バイーア・ブランカではまだ、今度は僕の友人が待っていて、やっぱり心から温かくもてなしてくれた。

僕らはこの南の港町で、オートバイを整備したり町中をうろついたりしながら数日を過ごした。お金の面でのお祭り騒ぎはこれが最後になった。僕たちの金銭面での不運を少しでも後延ばしにするために、アサードとポレンタ（トウモロコシの粉に水とスープを加えて火にかけて練り上げた、シチューに似たイタリア料理。）とパンの厳しい計画を忠実に守るべきだった。「じきに俺を食うために骨折りすることになるぜ、兄弟」。パンは警告の味がし、僕らはパンをよけいもりもりと喉に詰め込んだ。ラクダのように、いざというときに備えて蓄えておきたかったのだ。

出発の前夜、僕は風邪をひいて高熱を出し、バイーア・ブランカを出るのが一日後れた。三時にようやく出発したが、鉛のような太陽に耐えねばならず、メダノス（バイーア・ブランカ市の周辺の村）の砂地に着いたときには太陽はさらにもっと重苦しくなっていた。オートバイは重心の分散の仕方があんまりにも悪かったので、運転手のコントロールに逆らって、どうやってもひっくり返ってしまった。アルベルトは砂地相手に強情な決闘を繰り広げ、決闘に勝利したと言っている。それはそうだが、平らな道に出るまでに僕らは六度までも砂の上で心地よく休んだのだ。砂地を出られたのは当たり前のことなのに、それこそが、メダノス村に対する勝利を客観化したい僕の友達の大事な言い分なのだ。

砂地を脱したばかりの所で、僕がハンドルを握って、かかった分の時間を取り戻そうとスピードを上げたが、細かな砂塵がカーブの一部を覆っていたものだから、一巻の終わりだった。ラリーの最中で一番ひどい衝突だったが、アルベルトは無傷で、それなのに僕は脚がシリンダーの下敷きになって少しやけどをした。傷がなかなか治らなくて、ずいぶん長い間嫌な思い出が残ったものだ。ひどいにわか雨に見舞われて、僕らはある農園《エスタンシア》で雨宿りせざるを得なくなった。けれどもそのためにはぬかるんだ道を三百メートルほど歩かねばならず、僕らはもう二回すっころんだ。

僕らは歓待されたが、これまでに舗装してない道に踏み出してきた最初の数歩を振り返ってみると、実に心配だ。一日に九回も地面に叩きつけられるのだから。しかし、ポデローサの脇で、今となっては僕らにふさわしい粗末な寝床である簡易ベッドにカタツムリのように小さく丸くなって寝そべって、僕らはそわそわ心楽しく先のことを思い描いていた。向こうの方、冒険の方から吹いてくる、もっと軽い空気を、もっと自由に吸っているみたいな気分だった。遠い国、英雄的な偉業、美しい女性……僕らの騒々しい空想の中を輪を描いて通り過ぎていっていた。けれども、夢も見たくないと言っている疲れた目を通して、死の世界を合成している緑色の二つの点が、僕が待ち望んでいた解放を笑っていた。自分たちが属しているイメージの世界を、この世の海や陸をめぐる僕の愉快な飛行と結びつけながら。

風邪には寝床

何も起きない長い道のりに、オートバイは退屈のあまりため息をつき、僕たちは疲れ切って息を切らしていた。砂利道を運転するのは始めは愉快な気晴らしだったが、やがて骨の折れる仕事になってきた。一日中交替でハンドルを握った後で、夜には、もうひとがんばりしてチョエレ・チョエルまで行くよりも、ただただ眠りたかった。チョエレ・チョエルは中規模の町で、ただで寝泊まりできる場所が見つかる可能性があったのだが。ベンハミン・ソリージャで僕たちは錨を下ろし、使われていない駅の一室でゆったりと身を落ちつけた。そして石のように眠りこけた。

翌朝僕らは早起きした。けれども僕がマテ茶のための水を汲みに行ったとき、奇妙な感じが体を駆けめぐり、続いて悪寒がした。十分もすると僕は悪魔憑きのように震えだし、どうにも手の打ちようがなくなった。キニーネ（薬草の一種で解熱剤として用いられる）の封印も効き目がなく、頭は変な行進曲を打ちならす大太鼓のようで、壁にはかたちのない奇妙ないろいろな色が通り過ぎ、いらいらする吐き気をもよおして緑色の汚物を吐いた。一日中症状に変化はなく、何も喉を通らず、夜になってからとうとう力を振り絞ってオートバイによじ登り、運転しているアルベルトの背中で朦朧としながら、チョエレ・チョエルまでたどり着いた。そこで小さな病院の院長と国会議員を兼任しているバレーラ医師のところへ行くと、先生は親切に応対してくれ、病院内の片隅で寝られるようにしてくれた。そこで大量のペニシリンを打たれ、四時間で熱は下がったが、僕らが出発したいと言うたびに、先生は頭を横に振って言った。「風邪には寝床だよ」。(診断に自信が持てなかったのでこう言っていたのだ。)それで数日間を王様のような世話を受けながら過ごした。アルベルトは、病人服を着てひどい形相をした僕の写真を撮った。やせ細って頬はこけ、目は飛び出し、顎髭はこっけいな具合に伸びて、剃らずにおいた数カ月の間たいして変わらなかった。写真がうまく写っていなかったのが残念だ。あれは僕らの生き様の変化の、「文明」という足枷から逃れて探し求めた新境地の記録だったのに。

ある朝先生はいつものように頭を横に振らず、それで十分だった。定刻に、次の目標地点である湖のある西の方角へ向けて出発した。僕らのオートバイは、頑張ってくれよと言われているのを感じていることを示しながら、のんびりと進んでいた。特に頑張ってもらわねばならなかったのは車体で、アルベルトお好みのスペア部品、つまり針金を使っていつも修繕しなければならなかった。「ネジの代わりに針金で用の足るところならどこでも、針金を使う方が私は好きだ、針金の方がもっと安全だから」。これをアルベルトはオスカル・ガルベス(当時のアルゼンチンのラリー・ドライバー・チャンピオン)

の言葉だと言っていたが、どこから引っぱり出してきたのやら。

僕らのズボンと手には、僕らとガルベスの趣味が少なくとも針金の問題に関しては、紛れもなく同類のものだったという証拠があらわれていた。

もう日が暮れており、僕らは中心街まで行こうとしていた。というのは、明かりがなくて、野宿するのは気乗りがしなかったからだ。けれども、カンテラに照らされてゆっくり走っている時分になって、突然とても奇妙な音がし始め、それがなんなのかは分からなかった。

カンテラの灯では音の原因がつかめなくて、フェンダーが壊れたのだろうと僕らは勘違いした。その場に留まらざるを得なかったので、僕らはできるだけ良い状態で夜を過ごせるように急いで準備した。テントを張ると中に入って、空腹と喉の渇きを忘れようとし（そばには水もなかったし肉も持っていなかった）、疲れも手伝って少し眠気もあった。しかし、日暮れ時のそよ風はまもなく猛烈な突風に変わってテントを吹き飛ばしてしまい、僕らは野ざらしになった。寒さが厳しくなっていた。オートバイを電柱につながなければならず、風をよけるためにテントの布を張って、その陰に横になった。吹き荒れる風のせいで簡易ベッドは使えなかった。あんまり素敵な夜ではなかったが、最後には眠気が勝って、寒さでも風でも何でもござれとなった。朝の九時に目を覚ますと、太陽は頭上高く昇っていた。

白日の下で見ると、かの有名な音は、前部のパイプフレームが破損したせいだったのだと分かった。問題は、とりあえずできる限り修理して、破損したパイプを溶接できるような中心街へ行くことだった。僕らが友人、針金が、一時的にこの難局から僕らを救い出す任務を負ってくれた。すっかり準備できると、一番近い中心街までどのくらい離れているのかよく分からないまま出発した。二つ目のカーブを出たところで人の住んでいる家を見たときはたいそう驚いた。家の人はとても親切に迎えてくれ、ラム肉のおいしいアサードで空腹を癒してくれた。そこから僕らは二十キロ歩いてピエドラ・デ・アギラという場所まで行き、そこで溶接したのだが、もうすっかり遅くなっていたので、その夜は機械工の家に世話になることにした。

オートバイ自体には大した影響がない程度だが何度か転倒しつつ、僕らはサン・マルティン・デ・ロス・アンデスへ向かう旅を続けた。もう少しで到着するというときに、僕の運転でもう一度転んでしまった。そこは砂利に覆われたすばらしいカーブで、歌うような小川の岸辺だった。今回はポデローサの車体がひどく損傷をうけて、僕らは道の途中で立ち往生し、最悪なことには、ここで僕らが一番恐れていた事故の一つが起こった。後部タイヤがパンクしたのだ。パンクを直すためには、荷物を全部引っぱり出して、荷台を「固定し」「安心できる」「はずの」針金を取り出し、それから、僕らの弱々しいテコの力に挑戦するようなタイヤのケーシングと奮闘しなければならなかった。パンクなんかしでかしたおかげで(というかいやいや作業していたので)、少なくとも二時間は棒にふった。午後遅くになって僕らは道中のあるエスタンシアに入ったが、農園主は人の良いドイツ人夫婦で、奇妙な偶然で彼らはずっと昔に僕の叔父にも宿を提供したことがあったのだ。叔父は年老いた旅の一匹狼で、今は僕が彼の武勲を真似しているというわけだ。僕らは農園内の川釣りに誘われた。アルベルトは釣りは初めてだったが、何がなんだか分からないうちに、釣り針の先できらきらと虹色のものがはねているのがぼんやりと水の中に映って見えた。ニジマスだった。とてもおいしい（少なくとも焼いて僕らの空腹で味付けすれば）、美しい魚だ。最初の勝利に舞い上がったアルベルトは、僕が魚を調理している間も延々釣りを続けたが、何時間も釣り針を投げ入れていたにもかかわらず、その後はただの一匹もかからなかった。やがて夜になってしまったので、僕らはそこの農園労働者の厨房で一夜を過ごさなければならなかった。

　朝の五時になると、この手の厨房の中央にある大きなかまどに火が入れられ、どこもかも煙と苦いマテを飲む人びとでいっぱいになった。僕らの「アニニャウ（子供っぽい、という意がある）」というマテについて意地の悪い嫌みを言っている人もいた。この辺りでは甘口マテと呼ばれているのだ。けれども彼らは概して口数が少なく、典型的な征服されたアラウカノ（チリ中部に住む先住民族の総称だが、一部はアルゼンチンにも住んでいたのであろう。）で、自分たちに多くの不幸をもたらし今は自分たちを搾取している白人に対して、いまだに不信感を抱いているのだった。農園の（……）［本文に欠如］や彼らの仕事について僕らが尋ねても、肩をすくめて「さあな」とか「そうだねぇ」と返事するばかりで、会話がそこで行き詰まってしまった。

　ここではさらに、サクランボをたらふく食べる機会に恵まれた。あんまりたくさん食べたので、スモモを食べさせてもらう段になって、僕はひと休みして消化するために寝転ばなければならなかったくらいだ。僕の友達はその間も「失礼にあたらないように」と幾つかのスモモをほおばっていたが。木によじ登って、まるで制限時間を設けられているかのように、僕らはがつがつむさぼり食っていた。農園主の息子の一人が、この病的なほどの空腹を示している劣悪な身なりの「先生たち」を、何やら不審そうに見守っていたが、何も言わずに、僕らのような理想主義者にとって非常に好ましいところまで、つまり脚を動かすときに胃袋を蹴ってしまうのではないかと心配でゆっくり歩かなければならないようになるまで、勝手に食べさせておいてくれた。

スターターペダルやその他の破損を修理してから、サン・マルティンへと旅を続け、日暮れ時に到着した。

サン・マルティン・デ・ロス・アンデス

道は、ようやく大アンデス山脈が始まろうとしている低い丘の間を蛇行し、村に出るまではかなりの下り坂だった。村は陰気で醜くかったが、葉の豊かな植物の生い茂ったすばらしい丘陵に取り囲まれていた。深い碧色と黄緑色をした山腹がそこでとぎれている、幅五百メートル、長さ三十五キロメートルの細長い舌のようなかたちをしたラカール湖に迫るようにして、村があった。この村は、観光地として「開拓」されて生き残りが保証されたその日、暮らしにくい気候と交通の便の悪さに打ち勝ったのだ。

最初は公衆保健局の無料診療所へ攻撃をかけて完全な失敗に終わったが（ただで泊めてもらうように頼んだが受け入れてもらえなかったということ）、同じような作戦は国立公園の建物にも通用することが分かった。そこの管理人がちょうどその場を通りかかり、すぐにその建造物の工具小屋の一つを宿として提供してくれた。夜になると夜番がやってきた。きっかり百四十キロはある巨漢で顔には弾痕があったが、大変親切にしてくれ、自分のあばら屋で料理してもいいと言ってくれた。第一夜は完璧に過ごせた。小屋に蓄えてあった麦わらの間で、たくさん着込んで眠った。この辺りでは夜はずいぶんと冷え込むので、そうする必要があるのだ。

僕らはアサードを買って湖のほとりを散策することにした。自分の領域に無理矢理侵入してくる文明に屈していない野生の宿る巨大な木々の下で、そこに旅の帰りに研究室を建てようと計画した。湖を臨む大きな窓、冬には真っ白になる地面、湖を横切るためのオートジャイロ、舟釣り、ほとんど未開拓の山々でのつきない遠足、そんなものに思いを巡らせた。

やがて僕らはどこかすばらしい場所に落ちつきたいという欲求を強く感じたが、僕らにとって、身を落ちつけたいという自我の扉をそこまで強く叩くのは、アマゾンの密林だけだった。ほとんど宿命的な言行の一致で、僕の運命は、というよりアルベルトもその点で僕と同じなので僕らの運命と言った方が良かろうが、それは旅することなのだと今では分かっている。けれども、我らが南部のすばらしい土地を深い願望をもって想う時もあるのだ。たぶんいつの日か世界を転々とするのに飽きたら、もう一度このアルゼンチンの大地に居を定めるかもしれないし、そうしたら、最終的な住みかではないにしても、少なくとも別の見方で世界を見るための中継点として、山の中の湖水地帯にもう一度訪れて住むだろう。

暗くなり始めてから家路につき、帰ったときはもう夜になっていた。なんと嬉しいことに、夜番のペドロ・オラーテさんが僕らを歓迎するためにおいしそうなアサードを持ってきてくれていて、僕らは招待に応じるためにワインを買い、表現に変化を付けて言えば、ライオンみたいにむさぼり食った。アサードがとてもおいしかったこと、じきにアルゼンチンでのように食べたい放題にはアサードを食べられなくなるだろうということを話していたときに、ペドロさんは今度の日曜日に、地元のサーキットでのレースに出場するためにやってくるカーレーサーたちに網焼き肉をふるまう仕事を頼まれていると言った。二人手伝いが必要だったので、僕らにその役目をくれた。

「おそらく給料は出ないだろうが、後々のためにアサードを食いだめしたらどうだい。」

いい考えだと思って、「南部アルゼンチンの肉焼き頭領」のアシスタント一号と二号の役目を引き受けた。

僕らアシスタント二人は宗教的な情熱で日曜日を心待ちにした。その日の朝六時に仕事は始まり、アサード会場まで運ぶトラックに薪を積み込む手伝いをして十一時まで休まず働いた。十一時になると最終の合図が打ちならされ、皆すごい勢いでうまそうなあばら肉に飛びついた。

指揮をとっていたのはある変わった人物で、僕はその人に話しかける時はいつも、敬意をこめて「奥様」と敬称をつけた。しかしとうとう食事客の一人が僕にこう言った。

「おい、坊や、ペンドン氏をそんなにうるさがらせるもんじゃない、怒り出すぞ。」

「ペンドン氏って誰のことですか?」と僕は、行儀が良くないと言われている質問のしぐさを指でしながら言った。「奥様」がペンドン氏だよ、という返事に、僕はほんの一瞬だけ血の気がひいた。

アサードはやっぱり招待客の数に対して余ったので、僕らはラクダの備蓄を続ける全権を委任された。

しかも僕らは慎重に計算された計画を推し進めていた。僕はたびたび独特の酔いの症状が高じて、発作が起きる度にふらふらと小川の方へ行っていたが、革ジャンの下にはワインのボトルを隠し持っていた。この種の発作が五回僕を襲って、ワインのボトルが何本か柳の木の下で近くの流れに冷やされながら残っていった。散会となって、村に戻るためにトラックにものを積む段になると、僕は嫌々だったが自分の役どころに従ってペンドン氏と喧嘩し、しまいには芝生の上にのびてしまい、もう一歩も歩けない状態になった。アルベルトは親友なので僕の代わりにボスに謝り、僕の世話をするために残って、その間にトラックは出発した。エンジン音が遠くに消えると、僕らは子馬のように駆け出して、寡頭政治家みたいな潤いのある食事を数日間保証してくれるはずだったワインを探しに行った。アルベルトが最初にたどり着いて柳に飛びかかったが、彼は喜劇映画みたいな顔をした。ワインはあるべき場所にただの一本も残っていなかったのだ。参加者の誰かが僕の酔態に騙されなかったか、僕がワインをくすねるのを見たのか、とにかく確かなのは、僕らは相変わらずすっからかんだということで、僕の酔っぱらいのペテンを笑って見ていた顔の中に、泥棒の上をいく小馬鹿にしたような顔がなかったか頭の中で思い返してみたが、むだなことだった。もらった少しばかりのパンとチーズ、それから夜のための数キロの肉を背負って、僕らは村まで徒歩で帰らなければならなかった。食べ物と飲み物でお腹はいっぱいだったが、心の中ではものすごくがっかりしていた。それはワインのせいというよりも、彼らが僕らにやってくれた悪ふざけのせいだった。まったく！

翌朝は雨天で寒かったので、レースは行われないだろうと思って、雨が少し弱まったら湖のほとりにシュラスコをしに行こうと待っていると、拡声器をつけた車がレースは延期されないと知らせるのが聞こえた。「肉焼き係」という身分を利用して、僕らはただでレース場に入り、ゆったりと座って国産車のレースを見物し、ずいぶん楽しんだ。

もうそろそろ出発しようと考え始め、泊まっていた小屋の入り口のところでマテ茶を飲みながらどの道を選んだら良かろうかと話していると、一台のジープが乗り付けて、遠く離れたほとんど幻想の世界の、コンセプシオン・デル・ティオ村からやってきたアルベルトの友人数人が降り立った。アルベルトは彼らと非常に親しげに抱きあった。すぐに僕らは、この出来事を厳かに祝福するために出かけていき、こういう場合に普通するように、発泡性の飲み物でおなかを満たした。

彼らの働いているフニン・デ・ロス・アンデスという村を訪問するよう招待を受けたので、国立公園の小屋に身の回り品を残してオートバイを軽くすると、僕らはそこへ向かった。

周辺を探訪して

フニン・デ・ロス・アンデスは、湖水地の片割れと比べて不運で、文明から完全に忘れ去られて細々と生きながらえており、そこに建てられている兵営すら、村の生活に活気を与えてはいるものの閉ざされた生活の単調さはぬぐい去れずにいる。そこで僕らの友人たちは働いている。僕らの、と言うのは、こんなに短い時間で僕も彼らの友人になってしまったからだ。

第一夜は、コンセプシオン村の遥かな昔への追憶に捧げられ、果てしなく大量のワインのボトルがそれに趣を添えていた。僕は訓練不足で、途中で試合を抜けなければならなかったが、せっかくのベッドなのでぐっすりと眠った。

翌日は、僕らの友人たちが働いている会社の作業場で、オートバイの数カ所の損傷を修理するのに専念したが、夜になると、アルゼンチンとのすばらしいお別れ会を僕たちのために開いてくれた。ビーフとラムのアサード、とてもおいしいサラダ、絶品の油脂パンがふるまわれた。

数日間お祭り騒ぎをした後、子供みたいに何回も何回も抱擁しあってお別れをし、この地方の湖であるカルエーへの道を進んだ。道はとんでもなく悪く、オートバイはかわいそうに砂地で荒い鼻息をつき、その間僕は砂丘から脱出するのを助けるためにバイクを押していた。最初の五キロメートルで一時間半かかったが、後で道は良くなって、転倒することなく小カルエーに到着することができた。小カルエーは葉の多い植物の生い茂る荒れた絶壁に取り囲まれた、緑色の水の小さな沼だった。じきに大カルエーに着いたが、こっちは随分大きかったものの残念ながらごく細い道しかなかったので、バイクで走ることはできなかった。湖を取り囲むこの道を通って、この地方の密輸人たちがチリへ通過するのだ。

もぬけのからだった森番の小屋にバイクを残し、湖の真っ正面にあった絶壁に登ろうと歩いていった。しかし昼食の時間が近づいており、僕らのリュックには一かけらのチーズと缶詰がいくらかしかなかった。カモが湖の上を飛んでいった。アルベルトは森番の留守と鳥までの距離、罰金を取られる可能性などを計算し、飛んでいるカモに石を投げた。幸運にも(カモにとっては不運だが)

見事な一撃を食らって、カモは湖の水に落ちた。すぐに、誰がカモを捕りに行くかで口論になった。僕が負けて、水に飛び込んだ。まるで氷の指が体全体を掴んでいるみたいで、ほとんど体を動かせないぐらいだった。僕は寒さアレルギーなので、アルベルトの打ち落とした獲物を捕りに行くために泳いだ往きの二十メートルと帰りのさらにまた数十メートルは、僕をベドウィン人のように苦しめた。いつもと同じ、空腹という調味料を加えて焼いたカモが、おいしいご馳走になったのがまだしもの救いだ。

昼食で元気を取り戻した僕らは、大はりきりでクライミングにとりかかった。初めからアブが僕らにつきまとって邪魔し、いっときたりとも休むことなく飛び回って、すきあらば刺そうとした。登りはちゃんとした道具も経験もなかったのでできつかったが、数時間苦労した挙句、絶壁の頂上にたどり着いた。しかしがっかりしたことに、何の称賛すべき景観も見られなかった。隣接する山々が全部遮ってしまっていた。どの方角へ視線を向けても、視界を覆っている山よりさらに高い山にぶつかってしまうのだ。

山頂を点々と覆っていた雪でひとしきりふざけあった後で、迫り来る夜に追い立てられるように、山を下りる作業にとりかかった。

初めのうちは簡単だったが、僕らが下っていた川の溝が次第につるつるの岩肌と滑りやすい石の激流に変わり始め、その上を歩くのが難しくなってしまった。山腹の柳林の中に入っていくしかなく、しまいには込み入って迷いやすいサトウキビ畑の広がる地帯にたどり着いた。暗い夜は不気味な物音を山ほど運んできて、暗闇の中で一歩一歩歩くたびに奇妙な空虚さが感じられた。アルベル

雪に覆われた山頂で戯れるグラナード（撮影者：ゲバラ、1952年1月）

トは眼鏡をなくしてしまい、僕のダイバー・パンツはボロ着になってしまった。ついに僕らは林の広がる地帯にたどり着いたが、あまりにも真っ暗で、僕らの第六感はものすごく敏感になっていて、〇・五秒ごとに奈落の底がある感じがしたので、一歩一歩細心の注意を払って踏み出さなければならなかった。

カルエーに注ぐ川だろうと思っていたぬかるんだ地面を果てしなく何時間もさまよってから、いきなり林が消えて平地に出た。大きな鹿の影が流れ星のように川を横切り、昇りつつあった月に銀色に照らされたその姿は茂みの中に消えた。僕らの胸に「自然」が触れた。この時僕らも共有していた野生の聖域の平和を邪魔しないように、おそるおそるゆっくりと歩いていった。

細い川を歩いてわたると、その感触が僕

の大嫌いなあの氷の指の痕を僕らのふくらはぎに残した。そして森番の小屋の庇護のもとにたどり着くと、森番は親切に僕らを迎え、熱いマテ茶をご馳走してくれた。そして彼が貸してくれた羊のなめし革の上で、僕らは翌朝まで眠った。十二時三十五分であった。

帰り道は、カルエー湖と比べて多彩な美しさを持つ幾つかの湖を見ながらゆっくりと進み、ついにサン・マルティンに戻ってくると、南へ向けて出発する前に、ペンドン氏がアサードの仕事の報酬として一人十ペソずつもらえるよう計らってくれた。

サン・マルティン・デ・ロス・アンデスからの手紙

「愛するお母さんへ

僕の方からお母さんに全然手紙を書いていませんでしたが、でもお母さんからも何の便りも受け取っていないので、心配しています。僕たちに起こったことを全部お話ししていたのでは、この短い手紙の意図を果たせなくなってしまうので、簡単に話しておくと、バイーア・ブランカを出発して間もなく、実際二日後だったんですが、僕は四十度も熱が出て一日寝込んでしまいました。その翌日はどうにかこうにか起きあがって、チョエレ・チョエルの地方病院にたどり着き、そこに四日間入院して、ペニシリンというあまり知られていない薬を打ってもらって治りました。

そのあとも山ほどの問題に悩まされましたが、いつも通り臨機応変に切り抜け、サン・マルティン・デ・ロス・アンデスという、原生林に囲まれた、美しい湖のある素晴らしい場所までやってきました。お母さんにも見て欲しいです、一見の価値がありますからね。僕らの顔はカーボランダム（研磨剤などとして用いられる金剛砂）みたいな手触りになってきました（厚かましいことこのうえなくなってきた意）。食べ物や寝場所や、その他あらゆるものを通りがかりの庭付きの家々で無心してきたんです。フォン・プトナマーのエスタンシアでは、ホルヘへの友達に偶然出くわしました。特に一人のペロニストはいつも酔っぱらっているけど三人の中で一番良い人でした。僕の診断では、後頭部におそらく胞虫が原因と見られる腫瘍がありました。まだどうなるか分かりませんが。二日か三日後には、バリローチェへとゆっくり向かうつもりです。二月の十日か十二日ぐらいまでにバリローチェに着くように手紙を書けるなら、局留めで送ってください。ではお母さん、残りはチチーナ宛の手紙です。みんなに愛していると伝えてください。それから、お父さんが南部にいるのかどうかを教えてください。あなたを愛している息子から、愛を込めた抱擁をお受け取りください。」

七つの湖の道を通って

僕らは七つの湖の道と呼ばれるルートを通ってバリローチェに行くことにした。街に着くまで、これだけの数の湖に沿って行くからだ。そして相変わらずポデローサをゆっくり走らせて、たいして問題でない程度の機械の故障以外には何の不都合もなく最初の数キロをこなしたが、夜になってしまったので、道路建設業者の作業小屋に泊まらせてもらおうと、［バイクで］転んだときにライトが壊れてしまって、という使い古しの話を使った。その夜は尋常でない過酷な寒さが身にしみたので、この小屋は本当に有難い選りすぐりの場所だったのだ。身にしみるような寒さがあまりに厳しかったので、じきに、毛布を貸してくれないかと不意に人が訪ねてきた。その人とその人の奥さんは湖のほとりでキャンプしていて凍えているということだった。僕らはこの禁欲主義的なカップルと一緒にマテを飲みに行った。山用のテントとリュックに入ってしまいそうな僅かな手荷物だけの彼らは、以前からこの湖水地帯に住んでいるのだった。僕らはひけ目を感じた。

僕らは旅を再開し、非常に古い森に囲まれたいろいろな大きさの湖に沿って進んだ。自然の香りが僕らの鼻の奥をなでた。ところが不思議なことが起きた。湖と森と、良く手入れした庭のある小さな一軒家という景色に、辟易としてきたのだ。景色をざっと見渡しても、山の真髄そのものには深入りすることなく、退屈な均一性だけがやっとつかめる程度だ。深入りするにはその場に数日間は滞在する必要がある。

ついにナウェル・ウアピ湖の北端にたどり着き、そのほとりで眠った。大きなアサードを食べたので、すごく満腹で幸せだった。しかし再び走り始めたとき、後ろのタイヤがパンクしているのに気づいて、それからタイヤチューブとのうんざりするような格闘が始まった。貼り付けるたびにゴムの反対側が切れてしまい、継ぎ当て用のパッチはなくなるし、そこで夜と朝を迎えることになってしまった。若い頃バイクのレーサーだったオーストリア人の管理人は、苦境にある自分の仲間を助けたいという気持ちと家主に対する恐れとの間で戦っていたが、打ち捨てられていた小屋を宿として提供してくれた。舌足らずな口調で、この地域にはチリ産の虎が出ると話して聞かせてくれた。

「チリ産の虎は獰猛《どうもう》なんです！　ちっとも恐がらずに人間を襲うし、金色のぼうぼうとしたたてがみを持ってるんですよ。」

　扉を閉めに行ったとき、内側の扉しか閉まらないことに気が付いた。それは馬屋みたいなものだった。僕らの脳みそはチリ産の獅子の影にとりつかれてしまって、獅子が真夜中に折り悪しく訪ねてくる気になった場合に備えて、僕は枕元にリボルバーを置いた。

　猛獣の爪が扉を引っかく物音で僕が目を覚ましたときには、もう夜が明けかかっていた。アルベルトは僕の横で不安のあまり黙りこくっていた。僕はリボルバーの引き金に指をかけて手をひきつらせていた。その間、燐光を放つ二つの目玉が、木々の影の間に浮かび上がって僕を見つめていた。猫のようなバネを利かせてつき動かされたようにその目玉は前へ躍りかかり、同時に肢体の黒い影がドアの下から滑り込んできた。あれは、理性という歯止めがきかない何か本能的なものだった。自己保存本能が引き金を引かせたのだ。ものすごい音がして、生き物はしばらくの間壁に体をぶつけていたが、カンテラの灯で出口を見つけ、絶望的なほえ声を上げた。しかし、臆病風に吹かれて僕らが黙りこくっていたのも意味のあることだったようで、管理人の大声と細君のヒステリックな泣き声を聞き取った。彼女は、感じの悪い気難し屋の犬のボビーの死骸の上に突っ伏していた。

　アルベルトはタイヤの外皮を修繕するためにアンゴストゥラに行き、僕は野宿するしかなかった。

アルベルトが戻ってくることになっていたし、僕は殺しをしでかした家で世話になるわけにもいかなかったからだ。一人の道路工事夫が宿を提供してくれ、バイクを側に置いて、僕は彼の友達の一人と一緒に台所で寝た。真夜中に雨の音が聞こえたので、テントの布でバイクを覆おうと起きあがった。けれどもその前に、枕がわりにしていたなめし革のせいで不愉快な気分になっていたので、マフラーから一つ二つ爆音を出してやろうと思い、実行すると、この行きずりのルームメイトは目を覚まし、一吹き聞くとびくっとして静まり返った。毛布の下で、手にはナイフを握りしめ、息を殺して体をこわばらせているのが分かった。前夜の経験もあったので、ナイフで刺されるのを恐れて、僕はおとなしくすることにした。幻覚がこの地方一帯に伝染していないとも限らないので。

翌日の夕暮れどきにサン・カルロス・デ・バリローチェに到着し、モデスタ・ビクトリア号がチリ国境へ向けて出発するのを待つために、国家憲兵隊司令部に泊まった。

そしてもう僕の自由で偉大な裸のルーツが漂泊するのを感じ……、そして

外でありったけの怒りをぶちまけている嵐を避けて、僕らは監獄の台所にいた。僕は信じられない手紙を何度も読み返していた。ミラマールを出発する僕を見つめていた瞳が条件づけていた帰郷の夢が、こんなに突然に、こんなに不条理に、すっかりついえ去ったのだ。途方もない疲れが僕に

のしかかり、諸国を漫遊したという一人の囚人が、取り囲んでいる者たちの無知をいいことに、異国の色々な奇妙な飲み物のことを口早にでっち上げているのを、まるで夢のように聞いていた。周りの者たちはこの思いがけない話をもっとよく聞こうと身を乗り出し、僕は彼の温かで感じのいい言葉を聞きながら、まるで遠いもやを通しているかのような感じで、バリローチェで知り合ったアメリカ人の医師が断言したことを思い出していた。「君たちは自分らの目指すところまで行けるだろう、素質があるからね。しかし、私は、君らはメキシコに留まると思うね。すばらしい国だよ」。

突然僕は、船乗りと一緒に遥かな国へと向かって飛んでいこうとしている僕自身にびっくりした。僕が今頃しているはずだった生活とはかけ離れて。激しい不安で頭がいっぱいになった。それさえ感じることができなかったのだ。自分自身が恐くなってきて、めめしい手紙を書き始めたが、できなかった。いくら言ったたって無駄だった。

僕らを取り囲む薄明かりの中を、幻想的なかたちが飛び回っていたが、「彼女」はやって来ようとしなかった。僕の方に愛情が足りないことがはっきりしたそのときまで、僕は彼女を愛していると思っていた。よく考えて彼女を取り戻すべきだった。彼女のために戦うべきだったのだ、彼女は僕のものだったんだから。彼女は僕のものだった、僕の……僕は眠りに落ちた。

なま暖かい太陽が新しい日を照らし出していた。出発の日、アルゼンチンの大地にお別れだ。オートバイをモデスタ・ビクトリア号に乗せるのは楽な仕事ではなかったが、辛抱強く成し遂げた。もちろん下ろすのも大変だった。しかし、僕らはすでに、プエルト・ブレストという気取った名前のその狭い湖水地に着いていた。せいぜい三、四キロは陸地で、その後はまた水路、今度は汚い緑色のフリーアス沼をしばらく航行して、ようやく税関にたどり着き、それから山脈の反対側の、この辺りは標高が高いためごく小規模なチリの税関に着いた。そこで今度は、同名の壮大な火山に源流をもつトロナドール川の水がそそぎ込む湖に出くわした。このエスメラルダ湖は、アルゼンチンの湖とは違って温泉が湧いていて、水浴びするのがとても気持ちよかったし、しかも僕らの個人的な心境にもよく合っていた。山脈の頂上には、カサ・パンゲと呼ばれる場所に、チリの大地の美しい眺めを一望にできる見晴らし台があった。それは一種の岐路のようなものであり、少なくともあのときの僕にとってはそうであった。碑銘として記された詩文をつぶやきながら、そのときにはもう未来を、細長い帯状のチリの大地と後で目にすることになるものを、見ていた。

興味深い二人組

オートバイを乗せた箱船は、全部の気孔から水をまき散らしていた。リズムに乗ってポンプの上にかがんでは汚水をくみ出しているあいだじゅう、僕の心は遥か彼方をさまよっていた。エスメラルダ湖のこちら岸からあちら岸への渡し守の役目を負って小型船に乗っていた、ペウージャ帰りの一人の医師が、自分たちとオートバイの船賃のかたに僕らが額に汗しながら働いていた、船にくっつけられた大きな役立たずの機械の方へと渡ってきた。僕らが裸になって油っぽい泥にまみれながら、黙々と船から汚水をくみ出しているのを見ると、医師は奇妙な表情を浮かべた。

その船で僕らは何人かの巡回の医者に出会って、ハンセン病についての非常におもしろい講義を彼ら相手に披露し、アンデスの向こうのこの同業者たちを感嘆させた。彼らにはこの病気が身近でないので、ハンセン病やハンセン病患者のことなど全然知識がなく、今までただの一人もハンセン病患者を見たことがないと正直に告白してきた。彼らは最悪な数の患者がいるという、遠くパスクア島（イースター島のスペイン語名）のハンセン病治療所のことを話してくれた。でもとても魅惑的な島ですよ、と彼らはつけ加えた。僕らは「科学者」的性分から、その有名な島について思いめぐらし始めた。「君たちのしている旅は非常におもしろいので」と、その医者は、僕らに必要と思われるものをごくごくこっそりとくれようとした。けれども、チリ南部でのその幸せな日々は、お腹もいっぱい、表情もまだ柔和だったので、僕らは彼に、パスクア島同友会の会長と面会するにあたっての助言だけを求めた。その会長は、彼らと同じくバルパライソに住んでいた。もちろん、大喜びで応じてくれた。

船旅はペトロウエーで終わり、僕らはみんなにさよならを言った。けれどもその前に、チリ南部の思い出のアルバムに僕らを加えてくれたブラジルの黒人の女の子たちと、ヨーロッパのどこやらの国から来た博物学者夫婦のために、写真におさまってあげなければならなかった。このヨーロッパのカップルは、写真の焼き増しを送るからと言って丁寧に僕らの住所を書き取った。この小さな村では、オソルノまで農業用トラックを運んで欲しいという人物がいて、そこは僕らの行き先でもあったので、僕がその仕事を持ちかけられた。アルベルトが大急ぎで何かギアチェンジのことを僕に教え、僕はもったいぶって自分の仕事を引き受けに行った。バイクに乗ったアルベルトの後から、僕はアニメの映画みたいに、文字どおり飛び出した。一つ一つのカーブが地獄のようだった。ブレーキ、クラッチ、一速、二速、お母さあああん。道は、同名の火山が見張り番に立っているオソルノ湖に沿って美しい場所を走っていたが、事故に遭いそうなルートで、景色とのおしゃべりを楽しむような状態ではなかった。しかし、たった一度の事故に遭ったのは車の前に飛び出してきた仔豚だった。下り坂で、僕はまだそのブレーキとクラッチとやらの技に不慣れだったのだ。

　オソルノに到着し、金を請求し、オソルノを発った。いつも通り北へ向かって、今度はチリの美しい田園地帯を通って行った。きれいに区画されて全部むだなく使われており、アルゼンチンのあんな不毛な南部とは対照的だ。人びとはものすごく親切で、どこへ行っても大歓迎された。ある日曜日、僕らはとうとうバルディビア港に到着した。街の中を散策していた時に、偶然「バルディビア郵便局」を通りかかり、そこで親切な取材を受けた。バルディビアでは四〇〇年祭が祝われており、この街の名前になった偉大な征服者《コンキスタドール》に敬意を表して、僕らは自分たちの旅をこの街に捧げた（ペドロ・デ・バルディビアは一五四〇～四一年にかけて現チリを征服し、まずサンティアゴ・デ・チリを建設した。バルディビア建設は一五五二年だった。）。そこで僕らはバルパライソ市長のモリーナス・ルコへの手紙を書かされ、図々しくパスクア島行きをおねだりした。

　僕らが見たこともないような商品でいっぱいの港にも、違う種類の食材がたくさん売られている市場にも、チリの小村の小さな木造の家にも、チリの農民《ウァソス》独特の衣装にも、もう何やら僕らのものとは全く違うものが、何か典型的なアメリカ大陸っぽいものが、感じられた。それは僕らのパンパに侵入してきたような異国風情を浸透させないもので、おそらくは、チリのアングロサクソン系移民が混血しなかったので、僕らの国では事実上失われてしまった土着の民族の完全なる純粋さが維持されたのだろう。

しかし、いくら習慣や言葉遣いの違いがアンデスの細長い兄弟と僕らを区別していても、どうやら「[ズボンが成長するように]水をやれよ！」というかけ声は万国共通らしく、ふくらはぎの途中までしかない僕のズボンを見ると、この言葉をかけてきた。僕は別にこれがおしゃれだと思っていたわけではなく、サイズが僕より小さい気前のいい友達から受け継いだ遺産なのだった。

専門医たち

つくづく、チリ人の人情の厚さは、この隣国への旅を大変快適なものにしてくれる事柄のうちの一つだ。そして僕らの方は、僕ら「独特」のやり方を最大限駆使して、それをありがたく頂戴していた。僕は毛布の中で、上質なベッドの価値を吟味し、昨夜の食事のカロリー計算をしながら、ゆっくりと伸びをした。最近のできごとを思い起こしてみた。ポデローサ二号がパンクし、雨の中、道の途中で僕らは途方に暮れることになると嘘をつき、僕らが眠ったこのベッドの持ち主であるラウールが寛大にも助けてくれ、「アウストラル・デ・テムーコ」という新聞のインタビューをうけた。ラウールは獣医学の学生だったが、それにすごく向いているようにはどうしても見えなかった。

彼は小型トラックを持っていて、それにかわいそうなバイクを載せ、チリ中央部のこの静かな村へ僕らを運んできてくれた。本当のことを言うと、僕らなんかに知り合わなければどんなに良かったかと、この友達が考えたときがあったのだが。僕らが彼の平穏にとって汚らしいできものをつくり出していたからだ。しかし彼が勝手に、自分で墓穴を掘ったのだ。自分がどれだけ女に金を費やしているかを自慢して、しかも、ある「キャバレー」に行ってそこで一晩楽しもうなどと、あっちから招待してきたんだから。当然、全部彼のおごりでだ。だからこそ僕らは、激しく議論して長々と弁解をたれた後で、このパブロ・ネルーダ（チリの詩人。一九〇四—一九七三）の出身地での滞在を延長することにしたのだ。けれどももちろん、結局は、歓楽街へのこんなおもしろそうな訪問を延期しなければならないような、期待通りの不都合が起きて、その代償に、僕らは寝床と食事を運良く手に入れたのだ。午前一時に、僕らは全く図々しくもテーブルの上のものを全て平らげ、それだけでもかなりな量だったのに、食後にはさらに何か出してもらって、しかもこの招待者のベッドで寝させてもらった。彼の父親がサンティアゴに引っ越すというので、もう家の中を片づけていて、ほとんど家具がなかったからだ。

アルベルトは平然と朝の日の光に挑み、これをものともせず石のように眠りこけていたが、僕はのろのろと服を着始めた。どうせ寝巻と日中の格好の違いなんてだいたい靴だけだったので、たいして面倒な仕事でもなかったのだが。新聞はすごく分厚くて、アルゼンチンの貧弱で物足りない朝刊とはえらい差だったが、僕の気をひいたのは地元のニュースだけだった。第二部にものすごく大きな活字で

アルゼンチンのハンセン病専門医二人　オートバイで南米の旅

と書いてあったのだ。

その後にはもう少し小さい字で、

テムーコに滞在中、ラパ・ヌイ訪問を希望

とあった。

そこには僕らの厚かましさが凝縮されていた。専門医で、アメリカ大陸のハンセン病の権威で、三千人の患者を治療したことがあり、大変豊かな経験を持ち、南米大陸の重要ないくつかの中心地を熟知しており、そこの衛生状態を調査しているという僕らが、現在もてなしを受けている、寂れて絵のように小さなこの村を、訪れてくださっているというのだ。この村での僕らは違うということは、彼らにも容易に判断できると思ったのだが、僕らはいまひとつ分かっていなかったようだ。すぐに、家族みんなが記事を取り囲んで集まり、その他の新聞記事は高慢なさげすみの対象になってしまった。こうして、皆の尊敬のまなざしに包まれながら、僕らはさよならを言ったが、この人たちのことは苗字さえ思い出せない。

郊外に住んでいるあるご主人の家のガレージに、バイクを置かせてもらえるように頼んだが、そこではもう、僕らはバイクを引きずったままあ気のいい二人の放浪者ではなく、専門医としてふ

IO AUSTRAL" - Temuco, martes 19 de febrer

2 expertos argentinos en leprología recorren Sudamérica en motocicleta

Están en Temuco y desean visitar Rapa-Nui

DR. A. GRANADOS Y EL ESTUDIANTE E. GUEVARA
El raid llegará hasta la capital venezolana.

ゲバラたちの来訪を伝えるチリの地方紙（一九五二年二月一九日）

るまった。そして、それにふさわしい扱いを受けた。一日中機械を直したり整備したりするのに専念したが、浅黒い肌の女中がちょくちょくと何かしら食べ物を運んできてくれた。この家の主人がご馳走してくれた豪華な「午後のおやつ《オンセ》」（午前十一時ごろに取る軽食を意味するところからきたことばが、午後の軽食にも使われるものとなった。チリ南部で習慣化している。）の後で、五時には僕らはテムーコに別れを告げ、北へ向かって出発した。

どんどん困ったことになっていく

テムーコから出て郊外の道へ入るまではしごく順調だったのに、郊外へ出たときになって後ろのタイヤのパンクに気が付いて、バイクを停めて修理しなければならなくなった。一生懸命やったのに、やっと補助タイヤをつけたところで、空気が抜けていることに気づいた。これもまたパンクしていたのだ。修理しようなどと、もうとても夢にも思えるような時間ではなかったので、どう見ても野宿するしかなかった。けれど、もう僕らはその辺のやつらとは同じではなく、専門医なのだ。じきに一人の鉄道員をつかまえて、家に連れていってもらい、そこで僕らは王様のような接待を受けた。

早朝にタイヤチューブとケーシングをタイヤ屋に持っていって、めり込んでいる鉄クズを取り除き、張り付けてもらって、日が暮れる頃に再び出発した。けれどもその前に、典型的なチリ料理の食事に招かれた。グアティータスともう一皿似たような料理があって、どちらもとてもいい味付けで、それととても美味なピペーニョ・ワイン、つまり濾過していない粗ワインの食事だった。いつものように、チリ人の人情の厚さが、僕らをサン・ファンとメンドーサの間にずるずる引き留めていた（ふたつの場所は、アルゼンチンでも最大のワインの生産地。そのふたつの間で引き裂かれる姿を表わすアルゼンチン特有の表現。）。

もちろんたいして走らずに、八十キロも行かないうちに止まって、ある森番の家に泊めてもらった。チップを期待していたのにもらえなかったものだから、彼は翌日朝食を出してくれなかった。そのため僕らは不機嫌に旅を開始し、数キロ行ったらバイクを停めて火をおこしてマテ茶を飲もうと考えていた。僅かな道のりを進んだところで、停まる場所を決めようと道の脇を観察していた時に、何の警告もなしにいきなりバイクが脇へそれて、僕らは地面に放り出された。アルベルトも僕も怪我はしなかったが、機械を点検して、方向維持装置の一つが破損しているのを見つけた。しかも最悪なことに、ギアボックスまでめちゃめちゃになっていたのだ。走り続けるのはもう無理で、僕らをどこかの町中まで連れていってくれる親切なトラックが通りかかるのを、じっと待つしかなかった。

反対方向に行く自動車が通りかかり、どうしたのかと中にいた人たちが降りてきて、助けを申し出てくれた。学者さんお二人が必要なことなら、どんなことでも喜んでお手伝いしますよ、と言ってくれた。

実はね、新聞の写真で見たから、あなたがどなたかすぐ分かりましたよ、と僕は言われた。でもお願いするようなことは何もなくて、別方向へ行くトラックが必要なだけだった。僕たちはお礼を言って、おきまりのマテを飲もうと腰を下ろした。しかしすぐに、近くの小農園の主人が家に来るようにと言ってくれて、台所で二リットルばかりもマテを注いでくれた。そこでは、大きな板の上に釘で打ちつけてあって二本の空き缶の上にぴんと張り渡した、二メートルもありそうな三、四本の針金でできた、チャランゴ（本来はアルマジロの甲羅を共鳴板にした五本弦のある弦楽器を指す）という楽器に出会った。演奏者が金属製の籠手をつけて、それで針金をかきならすと、子供用のギターみたいな音がする。十二時近くに一台の小型トラックが通りかかり、運転手は懇願に負けて、僕らを隣のラウタロという村まで乗せていくことを承知した。

そこで僕らは地域で一番の修理工場に場所を確保し、アルミニウムの溶接の仕事をする気になってくれる人も確保した。彼は小ルナといって、とても気のいい小男で、一、二回自分の家の昼食に招いてくれた。僕らは、バイクに関わる作業をするか、ガレージまで僕らを見に来るたくさんの野次馬の中の誰かの家で食事をご馳走になるかで、時間を過ごした。すぐ隣にドイツ人だかドイツ系だかの家族が住んでいて、僕らを随分と歓迎してくれた。僕らは宿営所で眠った。

もうバイクもほぼ直ったので、翌日には出発することに決め、酒をおごってくれるという行きずりの友達数人と連れだって、気晴らしをしに行くことにした。チリのワインはとてもおいしくて、僕はものすごい勢いで飲んでしまい、村のダンスパーティーに行く頃には、大偉業を成し遂げてやるといわんばかりの気分になっていた。

パーティーは感じのいい親しさのなかで開かれていて、みんなして僕らのお腹と脳みそをワインで満たし続けた。特に親切だった修理工場の機械工の一人が、チャンポンで飲んで気分が悪くなったから、妻と踊ってやってくれないかと僕に頼んできた。奥さんは色っぽくて心弾むような人だったし、僕もチリのワインが入っていたので、彼女を外に連れ出そうと手を取った。彼女はのろのろとついてきたが、夫が自分を見ていることに気づいて、残りたいと言いだした。僕はもう理屈が分かるような状態ではなかったので、僕らはサロンの真ん中で引っ張り合いを始め、結局彼女をドアのところまで連れていったのだが、もうその頃にはみんなが僕らを見ていて、その時彼女は僕に一蹴り食らわせようとし、僕の方は彼女を引っ張り続けていたので、彼女はバランスを崩して、派手な音を立てて床にひっくり返った。怒り狂ったパーティー客の大群に追い立てられて村の方へ向かって走っていく間、アルベルトはあの夫に支払わせるはずだったワインのことをぶつぶつぼやいていた。

ポデローサ二号、行程を終える

早朝から僕らはバイクの整備に取り組み、修理工場の脇に住んでいる家族から最後の食事に招待された後で、もうそんなに僕らに対して好意的でなくなってしまったこの場所から逃げ出した。

アルベルトは縁起を担いで運転したがらなかったので、僕が前に乗り、こうしてほんの数キロ行ったところでとうとう、壊れたギアボックスを直すために停車した。ほとんど行かないうちに、かなりのスピードで走っている状態でやや急なカーブでブレーキをかけた時、リア・ブレーキの蝶ナットが吹っ飛んだ。カーブの先に一頭の牛の頭が、続いてたくさんの頭が現れた。僕がハンド・ブレーキをかけると、できの悪いこいつもこれまた壊れた。しばらくの間は、何か牛科のものに似た隊列が、すごい勢いでそこら中へ散らばっていくのが見えたのみで、かわいそうなポデローサは、きつい傾斜で勢いがついてスピードを上げていっていた。全く奇跡的に、僕らが接触したのは最後尾の牛の脚だけだった。すぐに、恐ろしい力で僕らを引きつけているかのように見える川が遠くの方に現れた。僕はバイクを道の脇へ押しやって、あっと言う間に段差に二メートルも乗り上げ、二つの石の間にめり込んで止まったが、僕らは無傷だった。

いつものことながら新聞の紹介状に助けられてドイツ人の家に世話になったが、彼らは非常に親切に接してくれた。夜になると、僕はひどい腹痛に襲われた。溲瓶におみやげを残すのが恥ずかしかったので、窓から身を乗り出して外の暗闇の中へ僕の苦しみを全て引き渡した……。翌朝その結果を見ようと窓からのぞくと、二メートル下に、モモの実を日に乾かしてある大きな亜鉛板が置いてあるのが見えた。そこに付け足された光景は目を見張るものだった。僕らはそこから一目散に逃げ出した。

初めのうちは、事故は大したことではなかったように見えたのだが、今や僕らの判断が間違っていたことが明らかになっていた。坂にさしかかるたびに、バイクは色々とおかしな行動に出た。ついに、チリ人の間ではアメリカ大陸で一番高いと考えられている鉄橋のある、マジェーコの上り坂にさしかかった。バイクはそこでストを起こし、情け深い精霊がトラックに姿を変えてやってきて頂上まで連れていってくれるのを待ちながら、僕らは一日をつぶした。（願いが叶えられた後で）僕らはクリプリという村に泊まり、早朝に、既に近づきつつあった大惨事を待ちつつ出発した。

その道程には急なカーブが山とあったが、最初のきついカーブで、ポデローサは完全にぴたりと根を下ろしてしまった。そこからはロス・アンヘレスまでトラックで連れていってもらい、そこで消防士の詰め所にバイクを置かせてもらって、僕らはチリ軍の少尉の家で眠った。彼はどうやら僕らの国で受けた応対にすごく感謝しているらしく、ひたすら手厚くもてなしてくれた。その日は、僕らにとって「モーター付きのたかり屋」としての最後の日となった。次はもっと難しそうだ。「モーター無しのたかり屋」になるんだから。

ボランティアの消防団員、労働者たち、その他の人びと

チリでは（たぶん例外なく）消防団はみなボランティア制だ。しかもだからといってサービスが悪くなるわけではないのだ。消防団の団長を務めるということは、サービスを提供している村や地域の最も有能な人びとの間で争われるほどの名誉だからだ。それにこれは完全に理屈上だけの仕事だとは思われていない。少なくとも国の南部では、火事はかなりひんぱんに起きるのだ。これには、木造建築が大部分を占めることや、低い文化的・物質的水準や、その他の追加的な要素が大きく影響しているのかも知れない。またこれら全てが合わさって影響しているのかも知れない。実際、僕らが詰め所に泊まっていた三日間で大火事が二件と小さいのが一件起きた。（これが平均値だとまでは言わないが、正確なデータではある。）

説明するのを忘れていたが、例の将校の家に泊まった後は、消防団員の詰め所の管理人の三人の娘さんの懇願に心動かされて、僕らは部屋を変わったのだった。彼女らは、美しかろうが醜かろうが、何だか分からないが天性のものというか新鮮なというか、すぐに人を虜にしてしまう、チリ女性の気品を代弁しているような人たちだった。いや、これは余談だった。僕らは簡易ベッドを組み立てる部屋をあてがわれ、そこでいつもの鉛のような眠りに落ち、サイレンの音も聞こえなかった。

当直のボランティアたちは僕らの存在を知らなかったので、大急ぎで消防自動車で出発してしまい、僕らの方は翌日の朝も遅くまで眠り続け、目覚めたときに初めて事件のことを知った。次に火事が起きたときには消防団の一員に加えると約束するよう詰め寄り、彼らはそうすると保証してくれた。バイクを一緒に運んでもらう代わりに引っ越しを手伝うという条件で、二日後には僕らをサンティアゴまで安く運んでくれるトラックを、既に確保してあった。

僕らはとても人気のある二人組になってしまって、いつもボランティアや管理人の娘さんたちとの会話の材料には事欠かなかったので、ロス・アンヘレスでの日々は飛ぶように過ぎていった。それなのに、過去を整理し物語っていく僕の目の前には、この村の象徴的で代表的なものとしては、ある火事の猛り狂う火しか現れてこない。それは友達に囲まれて滞在した最後の日のことで、いかに素敵な気持ちで僕らにお別れを言ってくれているのかを物語るように、たっぷりと酒を飲みかわした後、眠ろうとして既に毛布にくるまっていた時だった。その時、僕らが待ち望んでいた、当直の消防士を召集するサイレンの音が、そしてあまりにも急いで起きあがったアルベルトの簡易ベッドのきしみが、夜をつんざいた。すぐに僕らは、こんな場合にふさわしく大まじめで、消防車「チリ・エスパーニャ」号に乗りこんで現場へと向かった。消防車は弾かれたように飛び出していったが、サイレンが長いうなり声をたてたって誰にも警告にはならなかった。あまりにも頻繁におきることなので、事件にならないのだ。

木と日干し煉瓦でできたその家は、燃えさかる骨組みに放水するたびにゆらゆら揺れ、鼻につんとくる臭いの木を焼く煙は、消防団員たちの超然とした働きぶりに挑みかかっていた。彼らは大笑いしながら、放水やその他の方法で、隣接する家々を守っていた。まだ火が回っていない所が一つだけあって、そこから一匹の猫の鳴き声が聞こえていた。火におびえきって、通り抜けられる小さな隙間があってそこから出られるのが分からずに、ただただニャアニャアと鳴いていたのだ。アルベルトは危険を見て取って、それを一目で計算し、敏捷に飛び出して二〇センチほどの火を飛び越え、危険にさらされた命を家人のために救った。比類無い手柄に熱烈な祝福を受けながら、貸してもらった巨大なヘルメットの奥で、彼の目が喜びに輝いていた（グラナードの記した日記の中では、ゲバラが助けたことになっている）。

けれども全てには終わりがあるもので、ロス・アンヘレスは僕たちに最後の別れを告げていた。「小チェ」と「大チェ」（アルベルトと僕のこと）（「チェ」はアルゼンチンでは「友達」に呼びかけることばとしてふつうに使われる。「私の」を意味するグアラニー語、「人」を意味するマプーチェ語に由来するなどの説がある。グラナードが年上だったが、ゲバラの方が背丈があった。）は、まじめくさって最後の固い握手を友達とかわしていた。その間にもトラックはサンティアゴへ向かって出発しようとしており、その力強い背中にはポデローサ二号の亡骸がのっかっていた。

僕らが首都に着いたのは日曜日だった。まずは、持ち主への紹介状を持っていた、アウスティンのガレージへ行ったが、なんと腹立たしいことに閉鎖されていた。しかし結局、代理人にバイクを引き受けさせて、僕らは労働でもって旅費を支払いに行った。

引っ越しではいろいろなことを味わった。まず第一に、とてもよかったのは、家主が留守だったのをいいことに、二キロのブドウを二人であっと言う間に飲み下したこと。第二に、持ち主が到着して、従ってものすごくきつい労働をしたこと。第三に、アルベルトが気づいたことだが、トラックの運転手の助手は異常なまでの独特な情熱を持っていて、なにか尋常でないものがあったこと。かわいそうに、僕らが彼に対してした賭全てに勝って、僕らと雇い主のを合わせた分よりたくさんの家具を、自分一人で運んだ。(これは並大抵じゃないおかしさだった。)

偶然僕らが居所をつきとめた「アルゼンチン」領事が、日曜だったからまあ仕方ないが、あんまり快くなさげな顔つきで、執務室のある場所に不意に姿を現して、中庭に寝場所を提供してくれた。僕らの市民としての義務やなんかについて随分辛辣な個人攻撃を前もって浴びせ、果てにはこの上なく寛大にも僕らに二〇〇ペソくれると申し出てくれたが、僕らは横柄に腹を立ててそれを拒絶した。三カ月後に申し出てくれていれば、話は別だったのに、彼にしてみれば命拾いというやつだ!

サンティアゴはコルドバにまあまあ似ている。リズムはもっとずっと早くて交通の重要性もかなり上だが、建物や、通りの感じ、気候、それに人びとの顔までが、僕らの内陸都市を彷彿とさせる。あまり何日もいなかった上、旅立ちの前にしなければならないことが山ほどあって忙しかったので、この街のことをよく知ることはできなかった。

ペルー領事はアルゼンチン領事の紹介状なしにビザを発行することはできないと言い、アルゼンチン領事の方は、バイクでペルーまで行くのは非常に難しいので、途中大使館に寄って協力して貰えるように頼まなければならないだろうから、紹介状は出せないと言っていたが(このお人好しはバイクがもう駄目になっていることを知らなかったのだ)、結局は彼が折れて、ペルーに入国するためのビザを発行してくれ、僕らにとっては大金だった四〇〇チリペソを前払いさせられた。

その頃、スキーア・デ・コルドバという水球クラブのチームが、サンティアゴを訪問中だった。

そのうちの多くは僕らの友達だったので、試合中に表敬訪問をしに行って、ついでに「パンをどうぞ、チーズもどうぞ、ワインももう少しどうぞ、等々」という具合のチリ流の食事にも運良くありついた。チリ流の食事の後で立ち上がるには、立ち上がることができればの話だが、腹筋にうんと力を入れないと無理だ。翌日僕らは、サンタ・ルシーアという、首都の中心部に盛り上がった岩だらけの地形を持つ、街とは別の歴史のある丘の上で、のんびりと街の写真を撮ることに専念していた。そこへ、スキーアのメンバーの一行が、招待した方のクラブの美女に伴われて現れた。かわいそうに彼らは、僕らをこの「チリ社交界選り抜きの淑女たち」に紹介するか知らんぷりするか迷って（世間では評判のアルゼンチン人の恐るべき性癖をお忘れなく）、ものすごく困っていたが、結局こんな言い方をして、できるだけ熟練した友達思いのやり方で、窮地を脱したのだった。そんな、僕らの歴史の中でも特別な瞬間に、僕らと彼らのようにあまりにも違う世界にいるもの同士としては、非常に友達思いなやり方だった。

ついに、アルベルトの頬に彼の心模様を示す涙の筋が二筋刻まれる重大な日がやってきて、預けることにしたポデローサに最後の別れを告げ、僕らはバルパライソへの旅を開始した。本物の自然（人の手によって汚されていないという意味での自然）の景観と引き替えに、文明が提供することができるもののうちで最も美しい、すばらしい山道を、僕らが頼んでも頑として抵抗したトラックに乗っての旅だった。

「モナ・リザ」(ジョコンダの微笑)

これはこの冒険旅行の新しい段階となった。僕らは、独特の身なりとポデローサ二号のありふれた姿で暇人の気をひくことに慣れてしまっていた。ポデローサの喘息のあえぎ声は、僕らを泊めてくれた人たちの同情をかっていた。しかし、僕らはある程度、遍歴の騎士であったと言える。僕らは「のらりくらり」とした時代遅れの貴族階級に属していて、この上なくインパクトの強い学位を付した名刺を持って歩いていた。今となっては別人で、過去の貴族的な生活の悪い癖でつなぎの服に旅の間の垢をすっかりため込んだ、やけに人目を引く二人の放浪者でしかないのだった。トラックの運転手はこの街の上の方、街の入り口のところで僕らを降ろしてしまったので、通行人におもしろげなあるいは無関心な目で見られながら、疲れた足どりで荷物を引きずって通りを下っていった。遠くの港では、僕らを惹きつけるように船が光を放っており、黒くて優しげな海は、僕らの鼻孔を膨らませる灰色の薫りで大声で僕らに呼びかけていた。僕らはパンを買って――同じパンがその時の僕らにはどんなに高く思えたことか、そしてさらにもっと遠くまで行くとなんと安かったと思えたことか――、道を下り続けた。アルベルトは疲労の色を浮かべており、僕の方は表に出さないまでも、アルベルトと同じくらいはっきりと疲労を感じていた。それで、トラックや乗用車用の駐車場にたどり着くと、サンティアゴからのきつい徒歩の道中に耐え抜いてきた苦痛を言葉を尽くして訴えながら、悲壮な顔つきで管理人に詰め寄った。この老人は僕らに寝る場所を譲ってくれた。何枚かの板の上で、名前が何とかオミニスという種類のうじ虫たちと一緒だったが、屋根の下ではあった。僕らは決意を固めて眠りに挑んだ。しかし、僕らがやってきたということを聞いて、隣接した飲食店に居着いていた同郷人が驚き喜んで、僕らに会おうとあわてて電話してきた。チリでは人と知り合うということは生活を共にするということであり、僕らは二人とも、マナ（イスラエル人がエジプト脱出後に荒野で神から与えられたという食べ物）を辞退するような状態ではなかった。我らが同郷人は、兄弟であるこの隣国の精神にどっぷり浸かっているようで、したがってものすごい酔っぱらい方をするのだった。僕は随分長い間魚を食べていなかったし、ワインもとてもおいしく、この人もすごく太っ腹な人だったので、僕らはよく食べ、次の日は家に来るようにと招待された。

早朝にジョコンダは開店し、僕らの旅にいたく興味を抱いた店主とおしゃべりしながら、マテを飲んだ。それから、街の探検に出かけた。バルパライソはとても絵趣に富んでいて、湾に面した海岸に建設されており、街の拡大に伴って、海までつながる丘の方へと這いあがっていっている。螺旋階段やケーブルカーでお互いにつながっている、階段状の奇妙な亜鉛の建築様式は、色とりどりの家々が鉛色に近い青色をした湾と対照をなして、落ちつきのない博物館のような美しさをひきたてている。解剖するときみたいな辛抱強さで、僕らは汚い階段や物陰をうろうろ詮索してまわり、びっしりと群がっている乞食たちと言葉を交わした。僕らはこの街の深部を、僕らを惹きつける毒気を聴診した。僕らは鼻を膨らませて、サディスティックな熱情で貧困の臭いをかぎつけた。

パスクア島に向かう船がないか確かめようと埠頭を訪れたが、がっかりするようなニュースが待っていた。六カ月の間はそちらの方向へは船は一便も出ないというのだ。一カ月に一回飛ぶという飛行機の曖昧な情報も集めた。

パスクア島！ 想像が上昇をやめてパスクア島の周りをぐるぐる回っている。「あそこでは、白人の恋人を持つというのは女たちにとって名誉なことなんだよ」。「あそこでは、働くなんて夢みたいな話さ、女たちが全部やってしまうんだから、男は食べて、寝て、それで女たちは満足なのさ」。気候も理想的、女も理想的、食べ物も理想的、仕事も理想的（仕事が存在しないという至福の状態）、そんなすばらしいあの場所。そこに一年いることになったって構うもんか、勉強がなんだ、給料がなんだ、家族がなんだ、等々。ショーウィンドウの中から巨大なロブスターが僕らに目配せをして、寝床がわりにしている四枚のレタスの葉の上から体全体で僕らに訴えている。「おいらはパスクア島の出身さ。気候も理想的、女も理想的なあそこの出身さ……」

ジョコンダの入り口で、姿を見せないあの同郷人を我慢強く待っていたとき、店主が日当たりがいいところへと僕らを招き入れてくれて、それから魚のフライと味気ないスープを基本としたその店のすばらしい昼食セットの一つをご馳走してくれた。我らが同郷人についてはバルパライソ滞在中ついに知らせを聞くことはなかったが、僕らは安食堂の店長と親しくなった。これが変わった男で、無表情なのだがこの上なく慈愛に満ちており、尋常でないような人間までが寄り集まってくるほどなのだが、普通の客に対しては、商売にしていた四つのクズのためにものすごい大金をとっていた。僕らはそこに滞在していた間中一銭も払わなかったのに、いろいろと気を遣ってくれた。今日は君のため、明日は僕のため……これが彼のお気に入りのことわざで、すごく独自性に溢れるというわけではないが、全く本当にそのとおりだった。

僕らはペトロウエーで会った医師たちと直接連絡を取ろうとしたが、彼らはもう仕事に戻っていて時間がなかったので、正式な面会には決して応じてくれなかった。けれども、だいたいどの辺にいるのかは既に見当がついていたので、その午後僕らは仕事を分担した。アルベルトが彼らの動きを追い続け、その間に僕はジョコンダの客である一人の喘息の老女を診察しに行った。このかわいそうな人は同情をさそうような状態にあって、自分の部屋で、鼻を突く濃厚な汗と汚い足の臭いがこの家で唯一の装飾品であるソファの埃とまみれている中で、息をしていた。喘息の上に、心臓の代償不全を患っていた。こんな時、こういう状況を前に、医者は自分の力のいたらなさを感じ、物事が変革されればと思うのだ。この気の毒な老女は、息を切らして苦しみながら、それでも人生に対してまっすぐな姿勢を保ちながら、つい一ヵ月前まで生計を立てるために働いていたのかも知れないのに。こんな不当なことをすっかり変えてくれるような何かが起きてくれれば。状況に甘んじるということはつまり、貧しい家庭では、生計を立てられなくなった家族の一員は、どうにかごまかしてはいるものの辛辣な空気に包まれて暮らさねばならない、ということなのだ。その時父親は父親でなくなり、母親は母親でなくなり、兄弟は兄弟でなくなり、生きるための戦いにおける負の要素に変わってしまう。だから、健康な人びとからは憎しみの対象とされ、病気はまるでその人の面倒を見なければならない者たちに対する侮辱であるかのように取られるのだ。そういう、一番遠い境界線はつねに明日という日であるような人びとの最期の時にこそ、世界中の労働者階級《プロレタリアード》の人生を閉ざしている根深い悲劇が実感されるのだ。その死に瀕した目には、従順な申し訳ないという思いが込められており、しかも多くの場合、われわれを取り囲む神秘の極みの中にその肉体が失われていくのと同じように空しく失われることになる慰めを求める絶望的な願いも込められている。いったいいつまで、このばかげた身分制度に基盤をおいた物事の秩序が続くのか、僕には分かりかねるが、もうそろそろ政治家たちは、政権の善意を宣伝するのにかける時間を減らして、もっともっと、ずっとたくさんのお金を社会のためになる仕事につかうべきだ。

この病人に僕がしてあげられることはそんなになかった。だいたいの食事療法の仕方を教え、利尿剤と喘息用の粉薬を少々処方した。ドラマミナ（酔いどめとして用いられる薬）も何錠か自分のがあったので、それはただであげた。そこを出るとき僕は、老女のへつらいの言葉と家族の無関心な視線を背中に感じていた。

アルベルトはすでにあの医師を摑まえていた。翌日の朝九時に、病院にいなければならない。調理場と食堂と洗濯場と犬や猫の餌やり場とトイレを兼ねているあばら屋で、いろんな人を集めた集会が開かれた。繊細さに欠ける哲学を持ったジョコンダの主人、僕らのマテ用のやかんを七面鳥みたいに丸焼きにしてしまった耳の聞こえない世話好きな老女ドニャ・カロリーナ、酔っぱらいで精神薄弱の、凶悪な顔つきをしたマプーチェの男、まあまあ普通の二人の寄宿人、それにこの集いの花である狂女ドニャ・ロシータ。会話はロシータが目撃したという不気味な出来事をめぐって進められた。どうやら彼女一人が、大きな包丁を持った男が気の毒な隣人の女性の皮を丸ごと剝いでしまうのを見てしまったらしいのだ。

「それで、その隣家の女性は大声を出したのかい、ドニャ・ロシータ？」

「考えてごらんよ。どうして叫ばないもんかね、男は生きながら皮を剝いだんだよ！　それだけじゃない、その後で海まで運んでいって、水にさらわれるように海辺に投げ捨てたんだよ。ああ、そうとも、あの人の叫び声を聞いたときは、胸が張り裂けそうだったよ、旦那、あんたもあれを見ていたらねえ！」

「どうして警察に知らせなかったんだい、ロシータ」

「なんのためにさ？　あの人のいとこが皮を剝がれたときのことを覚えてるだろう？　そうさね、あたしは通報しに行ったんだが、あんたは気が狂ってるんだって言われたよ、妙なことを言うのをやめないと、あたしを閉じこめるってさ。どうだい。いいや、もうあんな人たちなんかに知らせるもんかね。」

しばらくすると、「神の使い」と呼ばれる、神に与えられたという力を使って聾啞や麻痺などを治してしまうという隣人の話になり、そのあと料理の皿がまわされた。どうやらこの商売、そこいらの他の商売と比べてそう悪くはなさそうだ。ビラの宣伝効果は大変なもので、人びとがどんなに軽々しく信じ込んでしまうかも大したものだったが、それでもまあ、ドニャ・ロシータが見たと言うことに関しては、みなきわめて冷静に一笑に付していた。

医師たちはそんなに親切に迎えてくれたわけではなかったが、僕らは目的を達成して、バルパライソ市長のモリーナス・ルコ宛の紹介状を手に入れた。できるだけ仰々しく別れを告げた後、市役所へ向かった。僕らの今にも倒れ込みそうな様相は、僕らを中に導き入れた下級職員にあまり好ましくない強烈な印象を与えてしまったが、この下級職員はすでに僕らを通すようにとの命令を受けていた。僕らが出した手紙に対する返答として送られてきた、一通の手紙のコピーを秘書官が見せてくれたが、そこには、唯一の往復便である船はもう出航してしまっていて、一年以内に別の船便が出ることはないので、パスクア島に行くのは無理だということが説明してあった。それからすぐに、モリーナス・ルコ博士の豪華絢爛な部屋に通されて、大変親切な応対を受けた。しかし印象としては、この人はこのことを舞台劇の中の一場面みたいに考えているような感じで、自分の朗唱する部分の言葉遣いにとても気を遣っていた。パスクア島について話したときだけ話に熱がこもったが、この島がチリに属するということを証明してイギリス人をやりこめたのだそうだ。過ぎてしまったことだが、船便に気を配っているべきだったねえ、来年は君たちを連れていってあげるよ、と言われた。「私がここにいなかったとしてもね、私はいつでもパスクア島同友会の会長なんだから。」と、ゴンサレス・ビデラの選挙戦での敗北を暗に告白して言った。そこを出ようとしたとき、下級職員が犬も連れていくようにと言ってきて、変な顔をしている僕らに、玄関のじゅうたんの上にそそうをして椅子の足をかじっている仔犬を指し示した。たぶんこの犬は僕らの放浪者っぽい外見に惹かれてついてきて、門番たちはこれが僕らの風変わりなよそ行き用の衣装の一部だと思ったのだろう。このかわいそうな動物は、僕らを結びつけていた絆が絶たれたとたん、ひどく蹴りつけられてうなりながら外に追い出された。その平安が僕らの庇護にかかっている、そんないのちがあることを知るのは、いつでも一つの慰めになるものだ。

今度は、海路をとってチリ北部の砂漠地帯をよけて行こうと、あらゆる船会社に行っては北部の港まで便乗させてもらえないかと頼んだ。その会社のうちの一つで、海洋庁に行って働きながら船賃を払うという許可をもらってくれれば、乗せていってやると船長が約束してくれた。しかしもちろん［海洋庁側の］返事はノーで、僕らは振り出しに戻ってしまった。その時、アルベルトは勇猛果敢な決意をし、すぐに僕に伝えた。何がなんでも船にもぐり込んで船倉に身を隠そうというのだ。けれどもうまく事を運ぶためには夜を待たねばならず、浮桟橋の水夫を丸め込んで、さてどうなるか見守っていた。この企てにはどう見ても多すぎる荷物をまとめて、女の子みんなに大げさに悲しみを表現して別れを告げてから、港を警備している大きな門をくぐって、背水の陣を敷きつつ海路の冒険へと繰り出した。

密航者たち

税関を難なく通り抜け、僕らは勇敢に自分の運命へと向かっていった。選んだ船は、サン・アントニオ号といって、港の活況のただ中にあったが、小さい船だったので、クレーンが届くように直接接岸する必要がなく、そのため桟橋と船の間には数メートルの隙間があった。そうなると、乗り込むには船がもう少し岸に近づくのを待つより他に仕方がなく、積み荷の上に腰掛けて冷静にチャンスを待っていた。夜の一二時になると労働者たちが交替し、その時に船も岸に近づいたのだが、埠頭の上に立っていたあんまり人が良さそうでない船長が、人員の出入りを見張るために浮桟橋の上に立ち止まってしまった。その間に友達になっていた、クレーンを操作していた男が、この船長はちょっとした食わせものなので別の機会を待った方がいいと言うので、そこから待ち始めて、一晩中、蒸気で動く古いクレーンの中で体を温めながら待っていた。太陽が昇っても、埠頭の上には厄介者がいるので僕らは相変わらず待っていた。船に乗ることへの期待をほとんど完全に失っていたときに、調整中だった新しい浮桟橋とともに船長が姿を現して、サン・アントニオ号と陸地は完全につながった。その時に、クレーン操縦者に言われたとおりをしっかり守って、僕らは何食わぬ顔で将校たちの公務室まで荷物と一緒に入り込み、トイレに閉じこもった。それから先の僕らの仕事は、誰かが近づいてきたときに、ただ鼻声で「駄目です」とか「ふさがってます」とか言えばよかった。

もう十二時で、船は出航したばかりだったが、僕らの喜びは随分と低下してしまっていた。というのは、どうやらだいぶ前から閉ざされたままらしいトイレは、耐え難い臭いを放っていて、しかもものすごく暑かったからだ。一時近くにはアルベルトが胃の中に入っていたものを全て戻してしまい、五時には死にそうなほどお腹が空いてきて、岸も見えないので、密航者としての僕らの状況をさらすために船長に名乗り出た。船長は、こんな状況下で僕らにもう一度会ってたいそう驚いたが、他の将校たちの手前、ごまかすために大げさに目配せして、同時に雷みたいな声でこう尋ねた。「おまえたちは、旅人になるには最初に目に留まった船にもぐり込めばいいとでも思っておるのか！　こんなことをして、後でどういうことになるか考えなかったのか！」。本当のことを言って、

通　信　欄

■本書への批判・感想、著者への質問、小社への意見・テーマの提案など。ご自由にお書きください。

■何により、本書をお知りになりましたか？
書店店頭・目録・書評・新聞広告・
その他（

■小社の刊行物で、すでにご購入のものがございましたら、書名をお書きください。

■小社の図書目録をご希望になりますか？
はい・いいえ

■このカードをお出しいただいたのは、
はじめて・　　　回目

■図書申込書■　小社の刊行物のご注文にご利用ください。その際、必ず書店名をご記入ください。

現代企画室
TEL 03（3293）9539
FAX 03（3293）2735

書名		
（　）冊	（　）冊	（　）冊

書店名

地名

ご氏名／ご住所

料金受取人払

神田局承認

5869

差出有効期間
2006年1月30日まで
（切手はいりません）

郵便はがき

101-8791

004

東京都千代田区猿楽町二の二の五
興新ビル三〇二号

（受取人）

現代企画室 行

■お名前

■ご住所（〒　　　　　　）

■E-mailアドレス

■お買い上げ書店名（所在地）

■お買い上げ書籍名

僕らは何も考えていなかった。

船長は給仕長を呼んで、僕らに仕事と何か食べるものを与えるように言いつけた。僕らは大喜びで分け前を平らげた。僕の方は、自分がかの有名な便所の掃除を分担されたことが分かると、食べ物が喉につまってしまった。白状するが、じゃがいもの皮むき担当になったアルベルトのからかうような目つきを背中に感じつつ、ぶつぶつ抗議しながら階段を下りていく時、仲間同士の取り決めについて書いたことを全部忘れて、仕事を取り替えてもらえるよう頼みたいという衝動に駆られた。だってこんなのないだろう！　あいつはあそこにため込んだものをたっぷり足してくれて、僕がそれを掃除するんだぞ。

手抜かりなく自分の務めを果たした後、僕らはもう一度船長に呼ばれたが、今回は、前にした面会のことは一切口外しないように、船の目的地であるアントファガスタに着いたとき何も問題が起きないように責任を持つから、と注意された。非番の将校の船室を寝るために与えてくれ、その夜はカナスタ（カードゲームの一種）に僕らを誘って、ときどき何ばいかのお酒を飲んだ。爽快な眠りの後、「新しい箒《ほうき》はよく塵をはらう」とはよく言ったものだと思いながら起きだし、船賃を十二分に払おうと一生懸命働いた。けれども、お昼の十二時になると、あんまりにも急いで働きすぎているという気がしてきて、午後には、僕らはこの世で一番の生粋の馬鹿二人組だとつくづく思うようになっていた。よく寝て翌日は汚れた服を全部洗ってちょっと働こうと思っていたのに、またもや船長がトランプに誘ってきて、僕らのすばらしい計画は台無しになってしまった。

僕らを働かせようと起こすのに、給仕長は――余談だがものすごく感じの悪い男だった――一時間ほどもかかった。僕は床を灯油で掃除するようにと言いつけられたが、この仕事は一日中かけても終わらなかった。楽をしているアルベルトは、相変わらず台所にいて、胃袋に何が入ってくるのかはたいしてお構いなしに、食べまくっていた。

夜には、カナスタをやってへとへとになった後で、僕らは二人一緒に欄干にもたれ掛かって、けれども二人本当に別々に、自分自身の飛行機に乗って夢の成層圏に向けて飛びながら、緑がかった白色の反射に満ちた広大な海を眺めていた。そこで、僕らの天命、真の天命は、永久に世界中の道や海をさまようことだと理解したのだ。常に強い好奇心を持って、目の前に現れるもの全てを見ながら。ありとあらゆる片隅をかぎ回りながら、しかしいつも飄々と、どこの地にも根を下ろすことなく、何かの本質を見極めようと立ち止まることもなく。僕らには表面だけで十分だ。海が呼び覚ますあらゆる感傷的な話題を語り合っているうちに、遠く北東の方にアントファガスタの明かりが瞬き始めた。それは僕らの密航者としての冒険の終わりであった。というか、船はバルパライソに戻っていくことになるので、少なくとも今回の冒険の終わりであった。

今回は失敗

今ありありと目に浮かぶのは、他の将校団と隣の船の髭の濃い船主と同じく酔っぱらった船長が、悪酔いしてむっつりした面もちでいる様子だ。それに、その場の人びとの大爆笑をかいながら、僕らの大冒険旅行の話をして聞かせている様子。「なあ、あれはたいしたやつらだぜ。確かに今はあんたの船にいるよ。海の真ん中に出てからあいつらを見つけることになるよ」。船長はこんなような言葉を同業者や友人たちにもらしたに決まってる。でも僕らは何も知らず、船が出るまであと一時間を残すのみで、何トンものいい匂いのするメロンに取り囲まれて完全に落ち着き払って、がつがつとメロンを食べていた。僕らは親切な水兵たちのことを話題にしていたが、そのうちの一人の協力で船に乗り込み、こんなに安全な場所に隠れることができたのだ。そんなとき、腹立たしげな声が聞こえて、それからとても大きく見えた口ひげがどこからともなく現れて、僕らはびっくり仰天してしまった。完璧につるつるになったメロンの皮の長い列が、穏やかな海上を一列に並んで漂っていた。あとは不名誉な思いをさせられただけだ。後になってから、水夫が言った。「おれがあいつの目をくらましてやることだってできたんだけどよ、兄さんたちよ、なんせメロンを見ちまって、すぐさま嗅ぎまわり始めたんでよ、あれじゃあどこのどいつだって助からんよ。船長は酒癖が悪くってねえ」。それから（恥ずかしそうに）、「兄さんたち、あんなにメロンを食わなくてもよかったんじゃねえの」と言った。

サン・アントニオ号の旧友の一人が、その輝かしい思想の全てをこんな垢抜けた言葉に込めて言った。「あんたら、間抜けなことこの上ないねえ、馬鹿はこのへんにして、続きはあんたらのアホな国へ帰ってやったらどうだい」。そして僕らはそれに近いことをした。荷物をまとめて、かの有名なチュキカマタ銅山へと向けて出発したのだ。

けれどもそれは一日で済まなかった。中一日おいて、鉱山の管理当局に見学許可証を申請しなければならなかったのだ。僕らは酔っぱらって興奮した水夫たちからふさわしい別れを受けた。鉱脈へと続く単調な道の入り口のところで、二本の街灯の細長い影の下にしゃがみ込んで、街灯から街灯へ大声で言葉を交わしながら、一日の大部分を過ごしたが、やがて道路上に喘息の小型トラックの影が現れ、僕らはそれに乗って道程の半分のところにあるバケダーノという村まで運んでもらった。

その村ではチリ人の労働者夫婦と友達になったが、彼らは共産主義者だった。マテをいれて、パンとチーズを一かけら食べようと灯したロウソクに照らし出されて、労働者の夫のゆがんだ顔だちは、不思議な悲痛な雰囲気を漂わせていた。彼は、簡潔かつ意味深長な言葉でもって、牢屋で過ごした三カ月のこと、模範的な忠誠さで彼につき従っている腹を空かせた細君のこと、情け深い隣人があずかってくれている子どもたちのこと、職を求めてのむなしい遍歴のこと、不思議にも失踪してしまった共産党仲間たちのことや彼らは海に沈められてしまったのだと言われていることを、語ってくれた。

砂漠の夜で凍えきって、お互い折り重なるようにして丸くなっているこの夫婦は、世界中のプロレタリア階級の雄弁な代弁者だった。彼らは体を覆うための薄い毛布一枚すら持っていなかった。だから自分らのを一枚彼らに貸してあげて、アルベルトと僕はもう一枚に何とかくるまった。この時は、僕が最も寒い思いをしたうちの一回だったし、また同時に、僕にとって奇怪なこの種の人間に、僕も少し似通ってきたかなと思った時でもあった……。

朝の八時に、チュキカマタ村（アントファガスタ市の北東二〇〇キロ、標高二七〇〇メートルの砂漠の中にある世界最大の露天掘りの銅山がある村。）まで乗せていってくれるトラックを確保して、アンデス山脈にある硫黄鉱山に行くというこの夫婦と別れた。そこは気候が大変悪く、生活条件もとても厳しいので、労働許可証も要求されないし、どんな政治思想を持っているかなどと誰にも尋ねたりしないのだ。労働者はただ、やっと生き延びられるだけのパンくずと引き替えに、自分の命を破滅させていく熱心さがあればよいのだ。

どんどん遠くなるにつれて夫婦の消沈した姿は見えなくなったのに、僕らにはまだあの夫の奇妙に決然とした顔が見えていて、彼の純粋な誘いを思い出していた。「いらっしゃい、同志たちよ、食事を共にしましょう、いらっしゃい、私もまた放浪者なのです」。そう言いながら、言葉の奥では、あてもなくさまよい歩いている僕らの寄生生活に対する軽蔑を示していた。

こういう人たちに対して弾圧的な手段がとられるというのは、本当に心が痛むことだ。社会の健全な生活にとって脅威となりうるのかどうかはともかくとして、彼の中に生まれた「共産主義の虫けら」は、ただ単により良い何かを求める自然な熱望でしかなく、根深い飢えに対する抗議が、彼には決してその本質を理解できないであろうあの奇妙なドクトリンの信奉へと、姿を変えたものでしかないのだ。けれども、このドクトリンを言い換えた「貧しい人にパンを」という言葉なら、彼にとっても分かり易く、あるいはむしろ、これこそが彼の人生を意味あるものにしているのだ。

そしてここでは、雇用主も、金髪の人間も、ご立派で無礼な行政官も、僕らに早口でこう言ったのだ。「ここは観光地じゃないんだ、三十分で設備を案内してくれるガイドをつけますから、後はどうかこれ以上邪魔しないでいただけませんかね、私たちは山ほど仕事があるんで」。ストライキが勃発していたのだ。ガイドは、飼い主のヤンキーたち（当時チュキカマタ銅山は、米国のアナコンダ社が所有していた。）の忠犬だった。

「グリンゴ（米国人に対する蔑称）の馬鹿野郎ども、ストライキ一回で、毎日何千ペソも失うんですぜ、貧乏な労働者に何センタボかやるのをけちったばっかりにね。我らがイバーニェス将軍が大統領に再選されれば、こんなことは終わるんでさ（生粋の軍人出身の政治家カルロス・イバニェス・デル・カンポはこの年、大統領に再選されたが、当選したら共産党を合法化すると公約していた。）」。詩人の現場監督は、「あれが、銅鉱石をすっかり採掘するための有名な前廊です。大勢のあんた方のような人たちが、技術的なことはたくさん訊いてくれますがね、どれだけの命が犠牲になったのかを知りたがるということはまずないですね、私ではお答えできませんが、先生がた、訊いて下さって本当にありがとうございます」。

冷たい効率主義と威圧的な恨みが巨大な鉱山に結集していき、憎しみにもかかわらず、生きそして自分や他の者のことを心配するという共通の必要によって団結し、いつの日か、どこかの鉱山主が喜んでつるはしを取り、本当に嬉しいと意識しながら自分の肺を汚染させていく日が来るものだろうか。あっちのほう、今日世界を照らし出しているあの赤い炎が来る方は、そういう状態なのだそうだ。僕には分からないが。

チュキカマタ

チュキカマタは現代ドラマの一場面みたいだ。美しさに欠けるとは言えないが、ここにあるのは優美さのない、威圧的な、氷のように冷たい美しさだ。鉱山地帯に近づくと、その眺め全体が平原の真ん中に集中していて、息が詰まる感じがする。二百キロメートル走ったところで、ようやく、カラーマという小村のうっすらとした緑色によって単調な灰色がとぎれ、まさに砂漠の中のオアシスという状態にふさわしく、僕らは狂喜してこれを迎えた。それに、なんて砂漠だ！　「チュキ（チュキカマタの略）」のそばにあって、モクテスマの気象観測所によって世界一乾いた砂漠であるとされている。硝石を含んだその土地には灌木一本生えず、風雨の攻撃に無防備にさらされた山々は、自然の力との戦いのためにあまりにも早く老け込み、その地質学的年齢にふさわしくない老人の皺が刻まれた、灰色の尾根を見せている。そこでは、あの有名な兄さん格の山（チュキカマタのこと）のこれらの弟分たちのほとんどが、兄さんと同じような富をその重たい腹の中に持っているのだろう。パワーショベルの冷血な腕が、人間の命という強制された調味料もろとも、その内臓を飲み込んでいくのを待ちながら。自然が自分の宝を守ろうとして仕掛ける何千もの罠にはまって惨めに死んでいく、日々の糧を手に入れることだけを望んでいる、この戦闘の知られざる貧しき英雄たちの命もろとも。

チュキカマタは主として銅を産出する一つの山からなっており、その巨大な山全体は高さ二十メートルにわたって階段状に溝が掘られ、採掘された鉱石はそこから鉄道で容易に運ばれる。鉱脈のこの独特な形状によって、全ての採掘が露天掘りで行われており、一パーセントの銅含有量を持つ鉱物の産業利用が可能となっている。毎朝、山がダイナマイト爆破され、鉱物は巨大なパワーショベルで運ばれ、それから粉砕機のところまで鉄道で運ばれる。この粉砕作業は連続三回の工程で行われ、鉱物は中位の大きさの砕石に変わる。その後硫酸溶液にさらされ、硫酸塩と塩化銅が形成されて銅が抽出され、後者が古鉄の粉砕機にかけられて塩化鉄に変わる。そこからその液体が通称「緑の家」と呼ばれるところへ運ばれて、銅の硫酸塩溶液が大きな槽に入れられ、三十ボルトの電流が一週間通される。すると塩が電気分解を起こして、もっと濃度の高い溶液の入った他の槽で前もって作っておいた、同じく銅でできた薄い延べ板に、銅が付着していく。五、六日もすると延べ板は精錬に出せるようになる。溶液は八グラムから十グラムの硫酸塩を失っており、粉砕された鉱物にさらにつけられて濃度を濃くする。形成された銅板は炉に入れられ、二千度以上の熱で十二時間精錬された後、重さ三百五十ポンドの塊に姿を変えて排出される。毎晩、一日の労働の成果として銅を一両につき二十トン以上積んだ四十五両編成の貨物列車が、アントファガスタまで下っていく。

これはつまりは、素人流に説明した、チュキカマタで三千人程の流動人口が維持している精錬過程の要約である。しかしこの方法では鉱物を酸化物の状態でしか抽出できない。チリ採掘会社では、鉱物を硫化物の状態で利用できるように、付属工場を建設中だ。この工場はこのタイプのものとしては世界最大規模で、高さ九十六メートルの煙突が二本あり、今後数年の生産のほとんど全てを処理することになり、古い方の工場は徐々に操業速度を落としていくだろう。というのは、酸化物の状態の鉱物の層はもうじき尽きるからだ。新しい精錬の必要を満たすために、掘り出したままの状態で膨大な量の鉱物がすでに蓄積されており、工場が操業を開始する一九五四年以降に精錬されることになる。

チリは世界の銅の二十パーセントを産出しており、銅はある種の破壊兵器においては代替材を持たないため非常な重要性を持っているので、戦前期で不安定な現在、この国では、左派グループとナショナリストグループが結びついた鉱山国有化派と、自由経済思想に基づいて、国家がやりかねない疑わしい経営よりも、（たとえ外国資本の手中にあったとしても）経営状態の良い鉱山の方が良いとする派との間で、政治・経済面での抗争が起きている。実際、現在採掘権を持っている企業に対しては議会から厳しい批判が出されていることからも、生産自体を国有化したいという雰囲気が明らかである。この抗争の結果がどのようなものであれ、鉱山の墓地が与えている教訓を忘れない方が良かろう。この墓地にすら、落盤や二酸化ケイ素や山の地獄のような気候の犠牲になった、おびただしい数の人びとのほんの一握りしか含まれていないのだ。

乾燥した道のり

水筒を持っていないというだけでもすでに、かの砂漠に徒歩で入り込んでいくというのは深刻な問題だったのに、僕らは思慮もなく足を踏み入れてしまい、チュキカマタ市の境界線をあとにした。チュキカマタの住民の目が届いている間は力強く歩いていったのだが、後になって、岩肌がむき出しになったアンデス山脈の途方もない孤独感と、頭の真上からまっすぐ照りつける太陽と、下手な分け方がしてあってしかもうまく体に合っていないナップサックの重みで、僕らは現実に目が覚めた。市境の警備兵の一人は僕らの態度を英雄的と言ったが、一体どの程度まで英雄的だったのか、そういう態度は僕らの中から消えていって、そのかわりに、根拠があると僕は思うが、僕らの態度を定義する言葉は、「愚かな」という形容詞に近いものであるべきだったのでは、と思い始めたのだ。

せいぜい十キロばかりだったが、二時間歩いたところで、何だか知らないが何かを示している道標の陰に落ちついた。これは、太陽の光をやっと少しばかり遮ってくれる唯一のものだった。僕らは一日中そこにいて、せめて目だけは棒っ切れの陰になるように、お互いに詰め合っていた。持っていた一リットルの水はすぐに飲んでしまって、日が暮れる頃にはのどもからからで、すっかりまいってしまって市境を監視している門衛所へと歩き始めた。

僕らはそのままそこで、かなり強い火が焚いてあるおかげで外の冷え込みにもかかわらず心地よい温度が保たれている粗末な小屋の中にかくまわれて、一夜を過ごした。夜番は周知のチリ流の親切さで、僕らに自分の食事を分けてくれた。丸一日何も食べずに過ごした僕らにとっては物足りない祝宴だったが、しかしどんなものよりも素晴らしい食事だった。

翌日の明け方に、あるたばこ会社の小型トラックが通りかかって、僕らを目的地まで近づけてくれたが、彼らがトコピージャ港までそのまま真っ直ぐ行かなければならなかった一方で、僕らの方はイラベに行くために北の方角へ進もうと思っていたので、両方の道が交わるところで降ろしてもらった。八キロ先にあると分かっていた家を目指して元気よく歩き始めたが、ちょうど半分行ったところでくたびれてしまい、昼寝をすることにした。電柱と道ばたの石の間に毛布を一枚ひいて、体は正真正銘のサウナ風呂を浴びながら、そして足は太陽の光を浴びながら、僕らは寝そべった。

二、三時間昼寝して、一人当たり三リットルばかりの水分を失った頃に、とんでもなく酔っぱらって声を張り上げてクエカ（チリの民族舞踊）を歌っている気品ある市民三人を乗せた、小型自動車が通りかかった。彼らはマグダレーナ鉱山のストライキ労働者たちで、大いに酔っぱらって人民側の主張の勝利を前祝いしているのだった。酔っぱらいたちは近郊のある駅まで行くところで、その駅で僕らを降ろしてくれた。そこで僕らは、ライバルチームとの対決をひかえてサッカーの練習をしていたトラック運転手の集団に出くわした。アルベルトはナップサックからアルパルガータ（ジュートで底を編んだ簡単な履き物）を引っぱり出して、レッスンを披露し始めた。結果は見事なものだった。僕らは次の日曜日の試合用に雇われて、給料として家と食事とイキーケまでの足を頂戴することになったのだ。

日にちが経過して日曜日になり、この日は、僕ら二人が出場したチームが見事な勝利を飾り、またアルベルトが調理した仔ヤギのアサードが観衆を感心させる日となった。出発まで二日間待っている間に、チリのこの辺りには山とある硝酸塩の浄化プラントを訪ねることにした。

実際、地球上のこの地域で鉱物資源を採掘するのは、業者にとってそれほど大変な仕事ではない。鉱物を含んでいる表層部分だけを取って、巨大な槽に運び込み、たいして複雑でない分解プロセスに通せば、混合物に含まれた硝酸塩と亜硝酸塩とヨウ素が抽出できるのだ。どうやら初期の採掘業者たちはドイツ人だったようだが、その後工場が買収されて、結果として現在は大部分がイギリス人の所有になっている。生産のピッチと雇用労働者数において最大な二つの工場は、その時ストライキ中で、しかも僕らの行き先より南にあったので、訪問するのはやめにした。その代わりに、非常に大きいラ・ビクトリアという施設を訪れた。その入り口には、ウルグアイの名レーサーで、食料の買い出しに行こうとしているときに他のレーサーにひき殺された、エクトール・スピッシ・セデスが死んだ場所を示す碑が立っている。

何台かのトラックに次々とその地域一帯を連れまわされた挙げ句の果てに、イキーケまで僕らを乗せていってくれたトラックの積み荷であったアルファルファの暖かい毛布にくるまれて、ようやくイキーケにたどり着いた。僕らの背後から、その時間帯の澄み切った青色をした海に反射しながら太陽が昇ってきて、なんだか千一夜物語の中の挿話のような到着だった。港を支配している断崖の上に魔法の絨毯のようにトラックが現れ、うなり声を上げて斜めに飛び、下り坂なので一速でギア・ブレーキをかけながら、僕らの眺めから完全に一望にできる街の平面図がどんどん近づいて来るのを見ていた。

イキーケには船一隻、アルゼンチン人一人、その他の性質のものも何もなかったので、この港に留まるのは全く無意味で、したがってアリカの方へと出発する最初のトラックに便乗させてもらうことにした。

チリの終わり

イキーケとアリカの間の長い道のりは、登りと下りの連続で、乾燥した台地から川辺に貧弱な小木がやっと育つぐらいの一筋の水が谷底を流れている渓谷にいたるまでを通っていった。完全に乾ききったここらのパンパでは、昼間は非常に蒸し暑く夜になるとかなり冷え込むが、これは一方であらゆる砂漠気候の特徴でもある。バルディビアが、少数の部下と一緒に、一滴の水も、最も暑い時間帯に逃げ込む灌木すらも見つけることなく、五十キロも六十キロも進んでこんなところを横切ったのだと考えると、本当に感心させられる。あの征服者たちが通っていったという場所がどういうところか知っていれば、バルディビアとその部下たちの偉業に対する評価はいきおい高くなるのであり、スペイン人による植民地化の中でも最も特筆すべきものの一つで、アメリカ大陸の歴史に残る偉業の中でも疑いもなく最も素晴らしいものであるとさえ言える。というのは、その幸運な征服者たちは、戦闘の冒険の結果、征服のために流した汗を黄金に変えることになるいくつもの非常に豊かな王国に対する支配を我がものとしたからである。バルディビアの行動は、有無を言わせぬ権力を行使できる場所を手に入れたいという、誰もが認める彼の熱望を代弁している。ジュリアス・シーザーが言ったとされている、ローマで第二の人物になるくらいなら、通りがかりの取るに足りないアルプスの小村で第一人者となった方がましだ、という言葉が、チリ征服の叙事詩の中でも、同じぐらい誇張されて、同じくらいの効果をもって繰り返されているのだ。反抗的なアラウカノがカウポリカンの手によってこの征服者の命を奪ったとき（チリの先住民族のアラウカノの長カウポリカンは征服者軍に対する激しい抵抗戦争を指揮しバルディビアを倒したが、のちに捕らわれて杭で刺し貫かれるという刑に処せられた。）、彼の最後の瞬間が追いつめられた動物の憤りに打ち負かされていなかったのならば、バルディビアは、それまでの自らの人生を振り返って見れば、自分が戦闘的な民の絶対的統治者として死んでいくということは全く正当なことだと思ったに違いない。彼は、人類がときどき生み出すそういう特別な人種に属しているのであって、彼らは時に無限の権力というものを潜在的に切望しており、その欲望のせいで、権力を手に入れるための苦痛なら全て当然のものだと思えるのだ。

アリカは、以前の持ち主、つまりペルー人たちの思い出をまだ失わずに持っている（ペルー、ボリビア、チリの三カ国間の国境紛争でアリカはつねに係争地となっていたが、一八八〇年以降チリ領となった。）、雰囲気の良い小さな港で、地理的な近さや共通の祖先を持つにもかかわらずあまりに異なっている、チリとペルーという二つの国の間の一種の変わり目となっている。

この村が誇る防波堤は、急勾配の高さ百メートルに及ぶ威圧的な全体像をそびえさせている。椰子の葉と、暑さと、市場で売られている亜熱帯の果実とが、カリブ海の村というか何かそう言った感じの様相を呈しており、ほんの少し南にある他の村々とは全く異なっている。

ある医師が、農場主であり経済的に安定したブルジョア階級に属する人間なら誰でも、二人の放浪者（学位はあっても）に対して感じる軽蔑をむき出しにしながら、それでもこの村の病院を宿にすることを許してくれた。朝早く、このあまり親切でない場所から逃げ出して直接国境に向かい、ペルーに入ることにした。その前に、（石鹸や何かと一緒に）最後の水浴びをして太平洋に別れを告げたのだが、それがアルベルトの眠っていた欲求を呼び覚ましてしまった。つまり、何か海産物を食べたいという欲求だ。そこで、断崖絶壁の海岸で、二枚貝やら他に海草やらを辛抱強く探し始めた。何やらねばねばした塩っぽいものを食べたが、僕らの空腹は取り除かれなかったし、アルベルトの欲求も満たされなかったし、そのねばねばがすごく気持ち悪く、何も付けないで食べたのでもっと悪くて、美食の喜びも全く得られなかった。警察で食事をした後、国境まで海岸を歩いていこうと、習慣通りの時間帯に出発した。けれども途中でピックアップトラックが僕らを拾ってくれて、国境の税関まで快適に座っていった。そこで、アルゼンチンとの国境で働いていたことがあるという出入国管理官に出会って、彼はマテ茶に対する僕らの情熱をよく知っておりまた理解していたので、お湯とパンをくれた上に、もっと素晴らしいことには、タクナ（チリとの国境近くにあるペルー最南端の町）まで僕らを乗せていってくれる乗り物も調達してくれたのだ。分遣隊の隊長は僕らを親切に迎えてくれ、ペルーのアルゼンチン人にまつわる誇張された陳腐な表現を並べたてながら、握手をかわし、国境にたどり着くと、僕らはこの心温かな国チリに別れを告げた。

遠くからチリを振り返る

この旅行記を記すにあたっては、僕の当初の興奮の熱の冷めらやぬ間に、また感じたことが新鮮なうちに、とっぴなことをあれこれ書いてきたし、全体的に、科学者精神が受けつけるようなことからはかなり外れていたと思う。いずれにしても、あのメモを書いてから一年以上経った今になって、現在僕がチリに対して持っている考えを述べるつもりはない。それより、前に書いたもののまとめをしたいと思う。

僕らの専門である医療から始めよう。チリの衛生状態の全般的な展望としては、まだまだ改善の余地がある（その後知ることになる他の国々と比べればずっとましだったことが、後で分かったのだが）。完全に無料という病院はほとんどなく、そういう病院ではこんな張り紙がしてある。「応対にご不満なら本院の維持のため寄付をしましょう」。これに比べて、北部では無料の治療を受けられるのが普通だが、ここの人びとはだいたいが年金受給者だ。年金受給者といっても、取るに足りない金額の場合もあれば、合法的な窃盗の正真正銘の金字塔といえるほどの金額を受け取っている場合まである。チュキカマタの鉱山では、事故にあったり病気になったりした労働者は、一日五エスクード（チリのお金で）で治療や病院での手当てを受けられるのだが、工場とは関係のない入院患者は一日三百から五百エスクードを支払っている。病院は貧しくて、一般的に薬やきちんとした病室が不足している。僕らは照明が悪かったり汚かったりまでする手術室を見たが、それはちんけな村でのことではなく、バルパライソですらそうなのだ。器具類も不足している。手洗い所はすごく汚い。この国の衛生観念は弱い。（その後実質的にアメリカ大陸全体で目にすることになったのだが）チリでは、使用後のトイレットペーパーを便器に捨てるのではなく、便器の外の床やそれ用に設置してある箱に捨てる習慣がある。

チリ国民の社会的状態はアルゼンチン人より下だ。南部の低賃金に加えて、仕事が少なく、政府が労働者に与える庇護もほとんどなく（それでも、南米北部の国々の政府が与える庇護よりはずっとましだ）、そのため、このアンデス山脈の西側の住民は、巧妙な政治宣伝が言うところの黄金の夢の国を求めて［アルゼンチンへ］やってくるのだ。チリからアルゼンチンへは、まさに波のように移民が押し寄せている。北部では、銅や硝石や硫黄などの鉱山で働く労働者にはもう少しいい給料が支払われているが、生活費がずっと高いので、必要不可欠な消費財の多くが概して不足している上、山の気候条件は大変に厳しいのだ。チュキカマタの鉱山の工場長の一人が、意味ありげに肩をすくめて、土地の墓所に埋葬された一万人かそれ以上の労働者たちの家族に支払われたという賠償金について僕がした質問に、答えてくれた。

政治情勢は混乱しており、元首の座を狙っている者が四人いるが、その中ではカルロス・イバーニェス・デル・カンポが一番勝ち目がありそうだ（この文章はイバーニェスが大統領選で勝利する前に書かれた)。この人物は独裁的な傾向を持っている退役軍人で、ペロンと似た政治的野心を持っていて、国民の間にカウディージョ(統領ないし政治的ボス)的な熱狂を呼び起こしている。社会民主党を基盤に活動しており、この党の中により小さい党派をまとめ込んでいる。第二番目に付けているのは、僕の考えではペドロ・エンリーケ・アルフォンソで、与党からの候補ではあるが、方針は曖昧で、見たところアメリカ人の味方であり、その他の政党に面白半分で首を突っ込んでいる。右派の旗頭はアルトゥーロ・マッテ・ラライーンで、故アレッサンドリ大統領の娘婿であり、国内の全ての反動的勢力から支持されている有力者だ。最後に続くのはサルバドール・アジェンデという人民戦線からの候補者で、四万ほど票を減少させてしまった共産主義者からの支持を得ている。四万とは人民戦線に入党しているという理由で選挙権を剝奪されてしまった人びとの数である。

イバーニェス氏は、人気を高めるためにラテンアメリカ主義の政治を行って反米を支持し、銅やその他の鉱物資源の鉱山の国有化を行い(ペルーでは、米国人が大規模な鉱床をたくさん持っていて、産出を開始する準備が事実上整っているが、このことを知った後では、これらの鉱山の国有化の実行可能性に対する僕の信頼は、少なくとも近いうちに実行される可能性については、ずっと弱まってしまった)、鉄道などの国有化を完了し、アルゼンチン・チリ間の交易を大きく拡大するであろうと考えられる。

国としては、チリでは、労働者階級に属していなくてやる気のある人なら、あるいは仕事にある程度の教養と技術的能力が伴っている人ならと言っても良いだろう、そういう人になら誰にでも、経済的可能性が与えられている。自国の領土内に、供給に(とりわけ毛糸を取るのに)十分なだけの数の家畜を容易に養うことができ、ほぼ必要な量の穀物と、強力な工業国になるに足る鉱物資源を持っている。鉄や銅、石炭、スズ、金、銀、マンガン、それに硝石の鉱山があるのだ。せいぜい必要な努力といえば、わずらわしい友人であるヤンキーを背中からふるい落とすことなのだが、少なくとも今のところは、投資されているドルの量が非常に多くて、自分の利益が脅かされていると見て取ったならヤンキーたちは効果的な経済制裁を簡単に行使することが可能なので、この仕事はとてつもなく大きなものとなっている。

新世界、タラータ

僕らは村のはずれにある治安警察の詰め所からやっと数メートルばかり離れたところで、もう既にナップサックがまるで荷物が百倍になったかのように重く感じられていた。刺すような太陽が照りつけており、後では寒い思いをすることになるのだろうが、いつものごとく、僕らはこの時間にしてはあんまりにも着込みすぎていた。道は急な上り坂だったが、間もなく、村から見えていた対チリ戦の戦死者の供養に建てられたピラミッドまでたどり着いた。そこで僕らは最初の休憩をとって、通りがかりのトラックで運だめしをしてみることにした。僕らの行く手の路上に見えていたのは、ほとんど灌木一本生えていないような、はげた丘だけだった。土のままの小道や、赤っぽい色の屋根のある、平穏な村タクナは、距離のためにますます小さくなってしまっていた。最初の車は僕らを大変動転させた。僕らがおずおずと合図すると、なんと驚いたことに、運転手は僕らの前で車を停めたのだ。作戦係のアルベルトが、僕にはもうお馴染みになっていた言葉でこの旅の意義を説明し、乗せていってくれるようにと頼んだ。トラックの運転手は了解したというしぐさをして、山ほどいるインディオたちと一緒に後ろに乗るように指示した。僕らが荷物を背負って、大喜びでよじ登ろうと構えたところで、また声がかかった。

「わかってんだろ？　タラータまで五ソルだよ」。アルベルトは激怒して、じゃあ何で、無償で乗せていってくれるかと頼んだとき、うんと言ったんですか、と訊いた。無償で、というのがどういう意味なのか、この運転手にはどうもよく分からないのだが、とにかくタラータまでは五ソルなのだった……。

きっとみんなこんな奴ばかりなんだろうよ、とアルベルトは言ったが、その単純な言葉の中には、僕に対して抱いていた激しい怒りの全てが凝縮されていた。彼がしたかったのは街の中でトラックを待つことだったのに、道中でトラックをヒッチハイクするために徒歩で出発しようというアイデアを推したのは僕だったのだ。その時の選択肢は単純だった。敗北を表明して後戻りするか、何があろうとも前進を続けるかだ。僕らは後者の方を決心し、旅を続けた。太陽はあと少しで沈みかけていて、生き物の気配も全くなかったので、僕らの振る舞いがとても正気の沙汰とは言えないことがあまりに明らかだった。けれども、こんなに街の近くなんだから、何軒かは家があるだろうと思い、この幻想に支えられて旅を続けた。

もう真っ暗な夜になってしまったのに、家のありそうな兆しは全く見えず、もっと悪いことには、食事や少しばかりのマテ茶をこしらえるための水も持っていなかった。寒さが激しくなってきた。この地帯の砂漠気候やこれまでの登山の経験が僕らをせっついていた。僕らは非常に疲れていた。地面に毛布を広げて明け方まで眠ることにした。新月の夜はとても暗かったので、手探りで毛布を並べ、できるだけ着込んだ。

五分もすると、アルベルトが凍えそうだと言うので、僕のかわいそうな体の方がもっと凍えているよと言ってやった。べつに寒さの我慢比べをしているわけではないので、この状況を何とかしようと、火をおこすための薪を探すことにして、仕事にとりかかった。収穫は実質的にゼロだった。二人合わせて一摑みの枝を手に入れただけで、遠慮がちな火しかおこらず、全然暖かくならなかった。空腹も嫌な感じだったが、寒さはもっとずっとひどかったので、もう僕らの焚き火の四本の燃えさしを眺めながら寝そべっていることができなくなった。野営は取りやめにして、暗闇の中を歩き続けた。初めのうちは、体を温めるために軽快な足どりで歩き始めたが、しばらくすると僕らの呼吸が苦しくなってきた。防寒着の下では汗が流れ落ちるのが感じられたが、足は感覚がなくて、顔に当たる風がナイフのように切りつけていた。二時間後には僕らは実際上参ってしまっていた。時計は夜中の十二時半を指していた。うんと楽観的に見積もっても、夜はまだ五時間はある。もう一度よく考えて、毛布にくるまって寝られないかもう一度試してみた。五分もすると、旅を続けていた。まだ真夜中の頃に、遠くの方にヘッドライトが見えた。僕らを乗せてくれるかもしれないなどと大喜びするのは希望的観測にすぎなかったが、少なくとも道が見えるだろうと思った。そしてこういうことになった。一台のトラックが、僕らのヒステリックな呼びかけを無視して通り過ぎ、その光の尾が、灌木一本、家一軒ない荒野を照らし出したのだ。あとは全てがパニックで、一分一分がますますゆっくり過ぎるようになっていき、最後の数分なんて、何時間もの長さだった。二度か三度、遠くの方で犬が吠えて僕らに希望を与えたが、闇夜では何も見えず、犬は黙ってしまうか、そうでなければ別の方角にいたのだった。

朝の六時に、夜明けの灰色の明かりに照らし出されて、遠くの方に、道に沿ってあばら屋が二つ並んで建っているのが見えた。最後の数メートルは、まるで背中に何も荷物を背負っていないかのように駆け足になった。この時ほど、こんなに親切に応対してもらった思ったときはなく、一かけらのチーズと一緒に売ってもらったパンがこれほどまでおいしく感じられ、マテ茶がこれほどまで体力を回復してくれると感じたことはなかった。アルベルトはこの素朴な人びとの前で「博士」の学位を振りかざしていたが、彼らにとって僕らは一種の半神半人であった。彼らに言わせれば、ペロンとその妻のエビータが住んでいる、また貧しい人びとも金持ちと同じだけのものを持っていて、ペルーみたいにインディオが搾取されたり非情な扱いを受けたりすることがない、アルゼンチンなんていう素晴らしい国から、僕らはやってきたのだ。僕らは自分らの国とあそこでの生活様式に関する何千もの質問に答える羽目になった。まだ骨の髄にしみこんでいた夜の寒さのなかで、アルゼンチンのイメージがバラ色の過去の一つの楽しい情景に変わっていった。「チョーロス（ペルー人のこと）」の内気な優しさに見守られながら、僕らは近くを通っていた干上がった川の河床の方へ行って、そこに毛布を広げ、昇っていく太陽に優しく撫でられながら眠った。

十二時には、ビスカーチャ老人（ガウチョ（牧童）の反逆の一生を描いたアルゼンチンの作家ホセ・エルナンデスの叙事詩『マルティン・フィエロ』に登場する、ポロニアス的な教訓好きの人物。）の助言に従って、昨日の夜の貧窮など嘘のように、意気揚々と再び歩き始めた。しかし道のりは遠く、すぐにかなり頻繁に歩みを中断するようになった。午後五時には休憩するために立ち止まって、近づいてくるトラックの輪郭をぼうっと無関心に眺めていた。いつものように、このトラックも、一番儲けのいい商売である奴隷を運んでいるのだろう。驚いたことに突然トラックが停まって、タクナの治安警察が僕らに親切に挨拶し、乗るように誘ってくれた。もちろん、何度も誘ってもらうまでもなかった。アイマラ人（ボリビアの先住民族）たちは物珍しそうに僕らを眺めていたが、何もあえて質問しようとはしなかった。アルベルトがそのうちの何人かと会話を始めたが、彼らはすごく下手なスペイン語しか話さないのだった。トラックは、刺が生えた生育の悪いチュルケ（チリ北部原産のサンザシ）がそこの雰囲気に少しばかり生気を与えているだけの、完全に荒れ果てた景色の中、山を登り続けた。しかし突然、上り坂で愚痴をこぼしていたトラックのうなり声が安堵の溜息に変わり、平らな道に入った。その時僕らはエスターケ村に入ったのだが、眺めが素晴らしかった。目前に広がる景色に僕らのうっとりした目はしばらくの間釘付けになり、すぐにここがどういう名前かとかいろんなことの理由を知ろうとしてみた。けれども、アイマラ人たちはどうにかこうにか何かしら理解して、こんがらかったスペイン語であれこれ説明してくれるのがやっとだったのだが、それがまたこの雰囲気をより情緒豊かなものにしてくれた。その時まで二十世紀の文明にどっぷり浸かっていた僕らは、何世紀もの間進化の止まっているその伝説の谷間で、本当の幸せを感じた。インカ人が臣民の福祉のために建設したのと同じような、山の灌漑用水路が、何千もの小さな滝となって谷底の方へと滑り落ちていっており、螺旋状に下っていく道路と交差している。正面では、低くたれ込めた雲が山頂を覆っているが、ところどころの雲の切れ目から、その高い頂上を少しずつ白く染めながら降っている雪を見ることができる。そこの住民のさまざまな作物が、細心の注意を払って段々畑に整然と植えられていて、僕らは植物に関する知識の新しい分野を開拓した。オカ（アンデス高地原産のカタバミの一種で根茎は食用になる）、キノア（南米原産のアカザ属の一年草で種子は食用になる）、カニウア（キノアに似た穀物）、ロコート（大型のとうがらし）、トウモロコシなど、間断なく次々出てくる。トラックの中の人びとと同じ独特な様式で盛装した人びとが、今度は彼らにとって自然な情景の中にいる。粗い羊毛でできた丈の短い、もの悲しげな色のポンチョと、脚の半分までしかこない体にぴったりしたズボンと、麻または古くなった車カバーで作ったサンダルを身につけている。僕らは貪欲な目つきであらゆるものを吸収しながら、谷を下り続け、ついにタラータに入った。タラータとはアイマラ語で頂点とか合流地点を意味するが、実に的を射た命名だ。というのは、山々の連なりが見守るようなかたちで成しているる大きなV字形がちょうどそこで終わっているからだ。タラータは古くて静かな小村で、数世紀前と同じ調子で生活が送られ続けている。植民地時代の教会は、古い上に、輸入されたヨーロッパの芸術と土地のインディオの精神が融合しているのが見て取れ、考古学上の至宝とされるべきだ。村の細い街路、インディヘナの作ったでこぼこの石畳の道路、子どもをおぶったペルー女性たち……、つまるところ、こんなにたくさん典型的なものがあって、スペイン人による征服以前の時代の思い出が滲み出ているのだ。しかしながら、今目の前にあるこれは、インカの権力に対して何度も蜂起し、インカ人が境界付近に常に軍隊を配置せずにはいられなくした、あの誇り高い民族と同じではない（アイマラ人は、ケチュア人を主体とするインカ帝国による支配に頑強に抵抗した。）。村の道を通りすぎていく僕らを眺めているのは、打ち負かされた民族なのだ。彼らの目つきはおとなしそうで、ほとんど怖じ気付いているような、外界に対しては完全に無関心な目つきだ。生きるということが取り払うことのできない習慣なので生きているかのように見える人びともいる。治安警察官は僕らを警察に連れていって、そこで僕らは宿を提供され、何人かの警官が食事をご馳走してくれた。僕らは村を一巡りしてから、しばらく横になった。治安警察を通じて僕らをただで運んでくれることになったバスに乗って、午前三時にプーノ方面へ出発することになっていたからだ。

パチャママの支配の下で

午前三時、ペルー警察の毛布がおあつらえむきだったのを証明するように、僕らは心地よい暖かさのなかに沈み込んでいた。そんな時、当直の警官が僕らを揺り動かして、哀しいかな、イラベ方面へトラックに乗って出発するためにその毛布から離れねばならなくなった。その夜はとてもいい天気だったが非常に寒く、僕らには特別に何枚かの板の上に場所をあてがってくれたが、その下には臭くてシラミだらけの家畜の群が入っていて、そこから猛烈な臭いが上がってきていたのでそばに寄りたくなかったのだが、暖かではあった。乗り物が上り坂を登り始めたとき、僕らは受けている好意の大きさに気が付いた。臭いが何もしなくなったのだ。シラミは一匹としてこの避難所にたどり着けるほど活発ではなかった。けれどもその代わりに風が容赦なく僕らの体に吹き付けて、数分もすると僕らは文字どおり凍り付いてしまった。トラックはどんどん登り続けたので、一分毎に寒さがますますひどくなっていった。滑り落ちないように、毛布の中の比較的暖かいところに隠していた手を出さなければならなくなったが、僕らは車の中で逆さまになっていたので、ちょっとでも動くのは難しかった。夜明け近くになって、それぐらい高度のあるところではどんなエンジンをも悩ますキャブレターの故障でトラックが停止した。僕らは道の一番高い地点、つまり、ほとんど海抜五千メートル近くのところに来ていた。所々から太陽がのぞいていて、その時まで僕らに付き添っていた完全な暗闇にぼんやりした明るさがとって替わろうとしていた。太陽の心理的な影響は不思議だ。まだ地平線に現れていないのに、これから浴びる熱のことを考えただけで、もう僕たちは元気を取り戻した気分になっていた。

道路の脇に半球形の巨大なキノコが育っていて――これはこの地方で唯一の植物だった――、僕らはそれでとてもできの悪い火をおこしたが、少しばかりの雪から手に入れた水を温めるのには役立った。奇妙なまずい飲み物を飲んでいる僕らの見せていた光景は、インディオたちにとって、僕らには彼らの典型的な装束が興味深いのと同じようにとても興味深く見えたらしく、絶えずそばに寄ってきては、舌足らずの話し方で、どういう訳があってそのへんてこな器具に水を注ぐのかと質問してきた。トラックは断固として僕らを運ぶことを拒否していたので、僕らは雪の中を三キロも歩いていかなければならなかった。僕たちは、ブーツとウールの靴下を履いていたにもかかわらず、激しい寒さの余り指が全部こわばってしまう感じがしていたのに、インディオたちの固くなった足の裏が全くものともせず地面を踏んでいくのを見るのはちょっと驚異的なものがあった。疲れ切ってどうにかこうにか足を運んでいるのに、彼らは狭い道をリャマのように一列縦隊で駆けていった。

難局を脱して、トラックは再び勢いを取り戻して走り、間もなく僕らは一番高いところを越えた。そこには、不規則なかたちの石で建ててある、てっぺんに十字架を冠した興味深いピラミッドがあって、トラックが通り過ぎるときにはほとんどみんなが唾を吐き、何人かは十字を切った。興味をそそられた僕らはこの奇妙な慣習の意味を尋ねてみたが、全くの沈黙がその返事だった。

太陽で少しは暖まって、常に川の流れに沿って下って行くに連れて、温度ももっと快適になっていった。この川は頂上で源を見た川で、もうかなり大きな流れになっていた。雪を頂いた山々が四方八方から僕らを見つめており、文明化したビクーニャ(野生のラクダ科の動物)が自分たちを攪乱させる存在から素早く逃げていった一方で、リャマやアルパカの群がトラックの歩みを無関心に見つめていた。

道中何回もした停止のときに、一人のインディオが上手なスペイン語を話す息子を連れて、実におずおずと僕らのところまで近寄ってきて、「ペロンの」素晴らしい国について質問し始めた。壮大な光景を見てきたせいで制御できなくなっていた僕らの想像力をもってすれば、尋常でないような状況を描き、「ボスの」偉業を僕らの好きなように調節して、僕らの国での生活をエデンの園のような美しさで物語り、インディオ親子の目を畏敬の念で一杯にすることなどたやすかった。男は息子のためにと言って、老人の権利に関する条項を含むアルゼンチン共和国憲法のコピーを頼んできたが、僕らはそれを比類無い情熱でもって約束した。旅を続けているとき、年老いたインディオが服の間から大変おいしそうなトウモロコシを取り出して、僕らにそれをくれた。すぐに僕らは、彼が民主的に一人一人に穀物を分け与えているのだということに気が付いた。

空全体が曇っていて頭の上に灰色の重みがのしかかっていた午後も半ばを過ぎた頃、僕らはある興味深い場所を横切った。その辺りでは、道の脇の巨大な石が浸食されて、射眼付き胸壁のある塔を持つ封建領主の城や、人を攪乱させるような目つきの奇妙な顔や、きっとそこに住んでいたに違いない神話的な人物たちの平穏を守りながらその場を見張っているかのような、数々の伝説の怪物たちなどに姿を変えていた。少し前から僕らの顔を僅かに叩いていた小雨が勢いを増し始め、間もなくものすごい土砂降りになった。トラックの運転手は「アルゼンチンのお医者さんたち」を呼んで、そこいらでは快適さの極みである「カセータ」、つまり車の前の部分に、僕らを通してくれた。そこで僕らはすぐにプーノの教師と友達になったが、彼はアプラ党（一九二四年、アヤ・デ・ラ・トーレを指導者として結成された、ペルーの民族主義運動組織・アメリカ人民革命同盟。）に属しているという理由で、政府から免職されたのだった。僕らにとっては何の意味も持たないのだが、この人はアプラ党員であるだけではなくインディオの血が流れていて、知識の豊かな根っからのインディヘニスタ（インディヘニスモとは、ペルーの思想家マリアテギが命名し定義した、ラテンアメリカの先住民族の擁護と復権を目指す運動で、その内容は政治的なものから芸術的なものまで多岐にわたる。）で、自分の教師生活の逸話やら思い出話やらを山ほど聞かせて僕らを楽しませてくれた。自らの血の声に従って、この地域の文明の研究者を動揺させている終わりのない議論においてアイマラの側に付いており、コヤ（一般的にボリビア高原の住民）に対しては、ラディーノ（メスティーソ（混血）を意味するが、スペイン人の血を引いているということを強調する意味合いがつよい。）で臆病者だと評して反対の立場をとっていた。僕らの旅の道連れであるインディオたちの奇妙な振る舞いを理解する手がかりを、この教師が与えてくれた。つまり、インディオはこの山の一番高いところまで来るといつでも、母なる大地であるパチャママに全ての苦しみを引き渡すのであり、その苦しみの象徴が、僕らが見たようなピラミッドを形作っていく一つ一つの石なのだった。さて、スペイン人がやって来たとき、すぐさまその信仰を取り除いて慣習を打ち砕こうとしたが、うまく行かなかった。そこで修道士たちは「流れに逆らわない」ことにし、ピラミッドのてっぺんに十字架を建てた。こんなことが四世紀前に起き（すでにガルシラソ・デ・ラ・ベガ（征服者とインカ王女の間に生まれ、インカ・ガルシラソの名でも知られる。『インカ皇統紀』などの年代記を残した。）が書いている）、十字を切ったインディオの数から言って、宗教家たちはたいして勝ちを上げられなかったことがわかる。交通機関の発達のせいで、信心深い人たちは石の代わりにコカの唾を用い、彼らにとりついた苦痛はそこでパチャママのもとに残るのである。

霊感を得たような教師の声は、自分の仲間のインディオのことを話すとき、すなわち、かつてはインカの軍勢に王手をかけたほどの反抗的な民族であるアイマラのことを話すときには奇妙な響きをもっていたが、血迷った自分たちの存在の恨み辛みの全てをアイマラの上にぶちまけた混ざりものの頑固な敵、つまりメスティーソ（先住民と白人との混血）たちと文明とによって腑抜けにされた、この土着民の現在の状況について話すときは、その声は深い穴の中に落ちていった。彼は、自分の属する社会の中で個人の行動を方向付け、その人を役立つ人にするような学校を作る必要があることや、現在の教育制度をすっかり変革する必要があることを話していた。現在の制度は、一人の人間を完全に教育するごく少ない機会に於いて（白人の基準に従って教育するということ）、その人を羞恥心と恨みで一杯にしてしまう。そして自分と同じインディオのためには役に立たない人になってしまい、しかも彼に対して敵対的で自分の懐には彼を受け入れる気のない白人社会で戦うには極めて不利な立場にある。そのような不幸な人びとの運命は、官僚主義のなかのどこか目立たない役職で無為に過ごし、自分の息子のうち誰か一人は、今自分の血の中を流れているような征服者の奇跡的な「おこぼれ」にあずかって、彼自身が切望し、死ぬ間際まで心を占めている境地にまでたどり着いてくれることを期待しながら死んでいくのだ。ひきつった彼の手の奇妙な湾曲に、不幸にさいなまれたこの人の告白の全てと、自分で挙げた仮想の人物と同じ熱望を彼も持っていることが、見て取れた。無償でそれを受ける人を傷つけるような「教育」の典型的な産物は彼自身だったのではあるまいか、かの「おこぼれ」は、カシーケにお金で買われた卑劣なメスティーソ女が持っているもの、あるいは主人が酔っぱらってインディヘナの女中にして下さる暴行によって生じるものであるのに、ただその「おこぼれ」の魔力を示そうという思いだけで?

けれどももう道は終わっていて教師は話をやめた。カーブを一つ曲がったところで、明け方には小さな小川だった同じ川が幅広い川になったその上に架かっている橋を渡った。イラベはもうすぐそこだった。

太陽の湖

プーノが建設されている湾を区切っている細長い土地が、僕らの目からその神聖な湖（チチカカ湖のこと）を隠していて、その巨体のほんの一部だけが見えるだけだった。幾つかの葦舟が静かな水面に浮かんでいて、どこかの漁船が出口に向かって進んでいた。風が大変冷たくて、鉛色の重苦しい空は、僕らの気分に合わせているかのようだった。確かに僕らは、イラベを経由することなく直接この村に着いて、兵営に仮の宿を確保して良い食事をしたのだが、もうすべてが終わろうとしていた。司令官は、非常にうまいやり方で僕らを道ばたの門のところに立たせて、そこが国境の税関の一つで、外国人の民間人が税関で泊まることは厳しく禁じられていると言い添えた。

けれども僕らはその湖をよく知りもせずに行きたくなかったので、湾の外側に連れていってもらい、そうやって湖の全体像を眺められないか、ためしに埠頭の方へ歩いて行ってみた。漁師はみんな純粋なアイマラで、スペイン語は全く分からなかったので、この戦略を具現化するために僕らは通訳を一人雇った。五ソルという手頃な値段で、僕ら二人と、押し掛けのお節介なガイドを運んでもらえることになり、その上湖の水で水浴をしようなどとまで試みたのだが、小指の先っちょで温度をみてみたとき、それはおじゃんになった（アルベルトはすっかりその気で、ブーツも服も取ってしまったが、もちろんもう一度着る羽目になった）。

広大な灰色の水面に散らばった点々のように、一群の島々が遥か遠方に見えてきた。ガイドはそこに住んでいる漁民のことを話してくれた。彼らの中にはまだ生まれて一度も白人を見たことのないものもあり、先祖代々の慣習に縛られて生活しており、五百年前と同じものを食べ、同じ魚を同じ方法で捕り、衣装やしきたりや伝統を汚れ一つないままに保っている。

港に戻ってから、プーノとボリビアのある港とを結んでいる船のところへ歩いていって、もうかなり足りなくなっていたマテ茶の葉をもらおうと思ったのだが、ボリビアの北部ではほとんどマテが飲まれることはないので、五百グラムすら持っていなかったし、マテのことをやっと知っている程度だった。通りがかりに、イギリスで造られそこで組み立てられた、この地域全体の一般的な貧困とはおよそ似つかわしくない贅沢な船を見学した。

僕らの宿泊所の問題は、治安警察の詰め所で解決した。非常に親切な一人の少尉が医務室に泊まらせてくれて、二人で一つのベッドだったが、きちんと体を覆えた。翌朝、非常に興味深い大聖堂を訪ねた後で、クスコ方面へ旅を続けるためのトラックを確保した。

プーノの医師にもらった、クスコ（インカ帝国の都であった。世界の中心、翻って、おへその意をもつ。）に住むもとハンセン病学者のエルモサ博士宛の紹介状を持っていった。

世界のおへそへ向かって

トラックの運転手が僕らをフリアカで降ろしたので最初の区間はそれほど長くなかったが、そこからはひたすら北の方角へ僕らを運んでくれる別のトラックを拾わなければならなかった。もちろん僕らはプーノの治安警察に勧められた警察署へ行ったのだが、そこで僕らはある一等軍曹に出会った。骨の髄まで酔っぱらっていた彼は、すぐに僕らと意気投合し、一杯やらないかと誘ってきた。彼らはビールを頼んで、みんな一気にそれを飲み干した。僕のコップはいっぱいのままテーブルの上に残っていた。

「アルゼンチン人さん、飲まないのかい?」

「いいえ、あの、僕の国ではそういう飲み方をする習慣がないんです。悪く思わないで頂きたいんですが、その、でもあっちでは食事をしながら飲むんです」

「しかし、チェー」と僕たちの祖先の名前にちなむ擬声語を鼻にかかった声で言いながら、「それならそうと言ってくれればよかったのに」。そしてパンパンと手を打ってうまいチーズサンドウィッチを頼んでくれて、僕はそれで満腹になった。けれどもこの軍人は自分の価値ある武勲に幸福感を覚えて、素晴らしい射撃の腕前のためにこの地方で自分がどれだけ恐れられているかを話し始め、同時にアルベルトに銃口を向けて、こう言った。

「おい、チェー、たばこを持って俺から二十メートル離れて立ってみな、一発でたばこに火を付けられなかったら、五十ソルやろうじゃないか」。アルベルトはお金に対する執着がほとんどないので、たったの五十ソルのために椅子から動こうとはしなかった。すると軍曹は、「百ソルやるぞ、チェー」。アルベルトは関心のあるそぶりを見せなかった。

二百ソルにまでつり上がって、それが机の上に置かれると、アルベルトの目はきらりと光ったが、自己保存本能の方が勝って、身動きしなかった。すると軍人は帽子を取り出して、鏡に映して見ながら、それを後ろに放り投げて、一発ぶっ放した。もちろん帽子はもとどおり無傷だったが、壁は無傷ではなく、安食堂の女主人は憤慨して警察署に文句を言いに行った。

数分後には一人の将校が騒ぎの原因を突き止めにやってきて、軍曹を隅の方へ連れていって説教していたが、すぐに群衆が寄り集まってきて、軍曹が、分かってくれと言わんばかりにありとあらゆるしかめ面をして見せながら、僕の旅の連れにこう言った。「なあ、アルゼンチン人さんよ、あんたがさっき投げたような爆竹をどこに持ってるんだい?」。アルベルトは状況を理解して、世界一無邪気な顔で、もう全部使ってしまったよと言った。将校は公共の場で爆竹を鳴らしたことに関してアルベルトを叱ってから、女主人には、この事件はもう終わりです、ここでは一発も発砲はなかったし、壁にも何も跡が見えない、と言った。女は、軍曹がぎごちなく寄り掛かっていた壁のところから何センチか脇へどいてくれと言いそうになったが、頭の中で素早く敵味方を計算してから、そのことでは口をつぐんでアルベルトにおまけの非難を浴びせることにした。

「こいつらアルゼンチン人は、何もかも自分のものだと思っているんだから」。さらに侮辱的な言葉を付け足していたが、僕らがさっさと逃げ出したので遠く聞こえなくなった。片方は飲み損ねたビールのことを考え、もう片方は食べ損ねたサンドウィッチのことを思って、心の痛む逃走になった。

僕らは二人のリマ人と一緒に別の車に乗っていた。この二人は始終インディオの集団を見下すような態度を示そうとしていたが、インディオたちの方は黙りこくって、彼らの刺《とげ》のある言葉に少しも不愉快そうな態度を見せずに我慢していた。僕らは初めのうちはよその方を向いて無視していたが、何時間か経つと、果てしなく続くステップの道が単調なので退屈してきて、結局のところなにがしかは僕らとおしゃべりしてくれる、この唯一の白人たちと言葉を交わさずにいられなくなった。インディオの集団は、不信感を抱いていて、外国人がする質問に一言二言でやっと答えてくれる程度だったからだ。実際はこのリマ人たちは普通の二人の青年だったのだが、そんな態度をとっていたのはただ、自分たちとインディへナの違いを明確にきちんと定めておくためだったのだ。タンゴの洪水が思いがけない旅行者たちに襲いかかり、その間僕らは新しい友達が素早く手に入れてくれたコカの葉っぱを一生懸命に噛んでいた。太陽の沈む頃にアヤビリという名の村に着いて、そこでは僕らは治安警察の長官が代金を支払ってくれたホテルに泊まった。「何ですって、二人のアルゼンチンのお医者さんが、お金がないからって寝心地の悪い思いをするんですか？　そんなばかな」。思いがけない贈り物を僕らが遠慮がちに辞退すると、こんな返事が返ってきた。けれども、暖かいベッドにもかかわらず、僕たちは夜の間ほとんど目を閉じることができなかった。食べたコカが、吐き気や腹痛や偏頭痛の嵐で僕らのもくろみに対してしっぺ返しをしていたのだ。

翌朝非常に早くに、同じトラックに乗ってシクアニに向かって旅を続け、寒さと雨と空腹をたっぷりと我慢させられた後で、午後も半ばに到着した。いつものように警察署に泊まり、いつものことながら大変親切にしてもらった。シクアニにはビルカノタという名のみすぼらしい小川が流れていて、今はこの川は水が大量の泥の中にとけ込んでいるという感じだが、もっと後にはこの流れをたどることになる。

もう一日それまでと似たような旅の日があって、それからやっと、クスコだ！

シクアニでは、市場で、色とりどりの品物が売場に広げられ、売り手の一本調子なかけ声と群衆の単調なざわめきとが一緒になって長く長く伸びている様子を眺めていたが、なにやら人びとが隅の方に密集しているのに気が付いて、そっちの方へ行ってみた。

びっしり集まった黙りこくった群衆に取り囲まれた行列がおり、カラフルな装束を身につけた十二人の修道士が先頭に立ち、黒い服の厳粛な顔をした一連の名士たちが棺を担いでそれに続いて、公式な厳粛さと、てんでばらばらに後について行っている、溢れかえる群衆の間の境界を成していた。行列が立ち止まり、バルコニーから黒装束の男のうちの一人が、手に何枚かの紙を持って姿を現した。「これは私たちの義務である、誰それであった偉大な男性との別れの時にあたって……」云々。

果てしなく続く長い行列の後で、行列が一ブロック続き、バルコニーから別の黒装束の人物が姿を現す。「誰それは死んだが、彼の善行、非の打ち所のない高潔な行いの思い出は……」云々。このようにしてその気の毒な誰やらは、隣人たちの大げさな言葉の洪水となってぶちまけられる憎しみに街角街角で追い立てられながら、最後の古びたあばら屋まで引きずり回され続けるのだ。

おへそ

クスコの定義としてぴったりくる言葉は「回想」だ。他の時代のうっすらとした埃が通りに堆積しており、その基盤を踏みしめると、ぬかるんだ沼からざわめきとなって巻き立つ。しかし、クスコといっても二つか三つある。または、クスコで回想するには二つ三つの方法があると言った方がよいだろう。つまり、ママ・オクヨが地面に金の細棒を落とし、この細棒が地面に完全に埋まったときインカ人の祖先は、遊牧生活を捨てて約束の地の征服者となった寵愛する子どもたちの永遠の住まいとして、ビラコチャ（インカの宗教で万物の創造神とされる。インティはこれに次ぐ神で目に見える。）が選んだ場所がそこにあるのだということを知った。辺境を極める野望に鼻を膨らませて、巨大な帝国が育っていくのを見ながら、その視野はまわりを取り囲む山々が成す弱々しい壁を突き抜けていった。タワンチン・スーユ（ケチュア語で「四つの地方の国」を意味する、インカ帝国の正式な名称。）へと拡大していくとき、この元遊牧民族は、征服した領土の中心、すなわち世界の中心、クスコの防備を固めていった。このように防衛上の必要からやむを得ず、この街を高台から支配する壮大なサクサワマン（クスコ郊外の城砦遺跡）が出現し、インカ帝国の敵の怒りから宮殿や神殿を守っていたのだ。それが、文字の読めない征服者の愚かさによって粉々に破壊された要塞から、冒瀆され破壊された神殿から、略奪された宮殿から、悲しげな思い出を浮かび上がらせているクスコであり、腑抜けになってしまった民族だ。これは、戦士になって、こん棒を手に、インカの自由と生活を守ることへと誘うインカだ。しかし、破壊された要塞を取り除けば、高い所から見られるクスコがある。つまり、カラフルな瓦屋根のクスコである。その穏やかな単調さはバロック様式の教会の丸屋根によって破られ、見おろしていくと、典型的な衣装をまとった住民のいる狭い通りと地方的な特色が見えるだけだ。こちらは、気の進まない旅行者になって、この都市を表面的に通り過ぎ、鉛色の冬の空の美しさの中で楽しむことへと誘うクスコだ。けれども、その歴史遺産の中にこの地方を征服した戦士たちの恐るべき気力をのぞかせている、感動に打ち震えるクスコもある。それは、博物館や図書館の中に、教会の装飾の中に、今なお征服の自尊心を誇示している白人の司令官たちの輝く顔つきに、表れている。それは、剣を身につけ、背の広い、力強い走りっぷりの馬にまたがって、人間の城壁が弱って野獣の四つの蹄の下に消えていく、裸の家畜の群の無防備な肉をかき分けて前に進むことへと誘うクスコだ。これら一つ一つのクスコはそれぞればらばらに見ることができ、僕らはそれぞれのために滞在中の時間を割いた。

インカの大地

クスコは、住民にとっては防衛というより脅威となっている山々に、完全に取り囲まれている。ここの住民は防御策として、サクサワマンという巨大な塊を建設したのだ。少なくともこれは、ある程度学識のある人々の間に流布している見解であり、僕としても、明白な理由があって意義を申し立てるつもりはない。しかしながら、この要塞が大都市の最初の中核を成していたと考えることもできるだろう。遊牧生活を捨てたばかりの頃、まだやっと野心的な部族を形成しているところで、数で優勢だった敵に対するために、街の中心だけを小さくまとめて守るという方法に頼っていたとき、サクサワマンの壁は住民に防衛を実現するのに理想的な場所を提供していたのだ。結局のところクスコは周囲の他の全ての地点からは無防備なままであったということを無視して、土地を囲んだことのねらいは単に敵の攻撃を制するものだったとしたのでは、幾つかの建造物の意味するところの説明がつかないが、この要塞・都市という二つの機能を考えれば、説明することができる。配置が都市へと続く渓谷を見渡すかたちになっているということを、言っておくべきだろう。城壁がぎざぎざのかたちをしているのは、攻めてくる敵を同時に三方から攻撃できるようにするためである。防衛線を何とか越えたとしても、同じタイプのもう一つの壁に突き当たり、その後は三つ目に突き当たる。三つ目の壁はやはり、防御側が攻撃を操作・集中し易くできている。これら全てから、そしてのちの都市の繁栄から推し量るに、ケチュアの戦士たちは押し寄せる敵から要塞を不落のまま維持したらしい。しかしこの要塞化が、この民族が機略に富んでおり数学的直感が確かだったことの証明であるとしても、僕から見れば、まだ文明としては先インカ期に属しており、この時代はまだ物質生活の便利さを認識するには至らなかった。しかし、この質素な人びとはついに全盛を迎えることはなかったものの、後には建築やその他の芸術の中に、興味深いものを残すに至った。戦士たちの勝利が続いて、クスコ近隣の敵対する部族はどんどん遠ざかっていき、そうなると、増大した民族には手狭になった要塞の中の安全な囲い地から出ていって、隣接する谷間の利用できる水を持った川の河口にまで拡張していった。自分たちが今どんなに強大かを意識すると、その卓越性に対する説明を求めて過去を振り返り、全能によって支配部族の座に着かせてくれた神々の思い出を賛美するために、神殿と聖職者階級が生まれ、このようにしてその偉大さを強固に拡大していきながら、スペインによる征服の時代のような強大なクスコがそびえ立っていったのだ。

征服を永続させるためにとった行動の一つ一つに勝者である一般大衆の獣のような残忍さが表れており、インカ人の特権階級はずっと昔に消え失せてしまっている今日でもなお、石造りの巨体が、時の経過による荒廃などお構いなしに謎めいた骨組みを見せている。白人の軍隊が敗北した都市を略奪したとき、残忍なやり方で神殿を攻撃し、太陽神を正確に象徴して壁を飾っていた金を求める貪欲さに、陽気な民の悩める偶像神に悲しげな民の陽気で生き生きした象徴をすり替えるというサディスティックな喜びを結びつけていった。インティ（ケチュア語で太陽の意）の神殿は礎石までが崩壊してしまい、あるいはその壁は新しい宗教の教会の土台を造るのに使われた。カテドラルは大神殿の残骸の上に建てられ、太陽神殿の壁の上に尊大な征服者の訓戒としての聖ドミンゴ教会の壁が建てられた。しかし、アメリカ大陸の中心は怒りに震えながら、定期的にアンデス山脈の穏やかな尾根に神経質な震えを走らせ、巨大な衝撃が大地の表面を攻撃し、三回目で尊大な聖ドミンゴ教会の丸屋根は骨組みの折れる大音響とともに土台から倒壊し、傷んだ壁は開かれて崩れ落ちてしまった。しかしその基盤となっていた太陽神殿の部分は、灰色の石のような無関心さを示している。征服者の上にふりかかった災害の大きさは、それを形成している岩のただの一つも、容赦しなかったにもかかわらず。

しかしコンの復讐（コンはケチュアの創世神話で、「世の始まりに北方からやって来た」とされる男だが、ゲバラはここで被征服民族の象徴として使ったものらしい。）は、それほどひどい侮辱を受けたにもかかわらず大したものではなかった。灰色の石たちは、憎むべき征服者民族を滅ぼしてくれるよう守護神たちに懇願するのに疲れ果て、今では無気力な疲労感をあらわにしており、ただどこかの旅行者に感嘆の叫びをあげさせるのに役立つのみだ。石の湾曲を精緻に組み合わせてインカ・ロカ（一四世紀前半に在位していたと推定される、インカ帝国第六代皇帝）の宮殿を建設したインディオたちの忍耐強い行動は、煉瓦や丸天井や半円アーチを知っていた白人の征服者たちのせっかちな行動を前にして、一体何ができただろう？

不安になったインディオは、神々の恐ろしい復讐を待ちながら、実際には、尊大な思い出を残す可能性さえも押しつぶしてしまう、たくさんの教会が建てられていくのを目にすることになったのだった。征服者たちが植民地の宮殿の土台として役に立つと考えた、六メートルもあるインカ・ロカの宮殿の塀は、その完璧な石の組み合わせの間に、うち負かされた戦士の嘆きを封じ込めている。

しかしオヤンタイ（インカ時代の宮廷劇で、若い男女の悲恋をテーマとしたもの。）をつくり出した民族が過去の偉大さの思い出として残したものは、クスコに集まっているものだけではない。ビルカノタ川またはウルバンバ川沿いの百キロメートルにわたって、過去のインカ時代のしるしが一定の間隔を置いて残っている。最も重要なものは必ず山の一番高いところにあり、このようにして城塞を難攻不落にし、敵の不意の攻撃を防いでいたのだ。二時間もの長い間険しい道を登り続けて、ピサックの頂上にたどり着いた。しかしそこへは、僕らよりずっと昔にだが、スペイン人の剣もまたたどり着いたのであり、防衛陣や防御柵や神殿を破壊したのだ。全く無秩序に、完全に散らばらせてある石の間に、防衛を目的とした建築物の計画が見て取れる。そこには正午には太陽がちょうどそこに昇るインティワタナ（太陽をつなぎ止める者の意。一種の岩の日時計）があったり、聖職者の住みかがあったりするのだが、残っているものはほとんどない！　僕らはビルカノタ川の流れに沿って行き、あまり重要性のない場所はとばして、オヤンタイタンボにたどり着いた。これは、マンコ二世が征服者に対して武装蜂起した時、エルナンド・ピサロ（実際にはフランシスコ・ピサロ）の軍隊に抵抗した巨大な要塞で、マンコ二世はスペインによる支配と共存した四つのインカ王朝のうちで最も小さいものを創立したのだが、ついには、柔弱な王家最後の代表は、トレド副王の命によりクスコの中央広場で処刑されたのだった。

百メートルはある岩だらけの丘があってビルカノタ川へと落ちる断崖になっており、そこに城塞が建設されていて、細い道によって隣接の山々と連絡している唯一の脆弱な側が、一定間隔に配置された防御柵によって守られている。この防御柵は、攻撃される側と同じぐらいの兵力の攻撃なら、どんなものでもゆうゆう防ぐことができる。建造物の下方部分はもっぱら要塞を守る働きをしており、それほど険しくない部分には、容易に守ることのできる二十ほどの段々状《アンデネス》に間隔を置いて防御柵が配置されており、これによって攻撃する側は、嫌でもその場を守っている武器から側面攻撃を受けるのだ。上の方には、戦士のための住まいと、要塞のてっぺんに神殿があり、その神殿の中にはおそらく防衛陣の贅沢の全てが貴金属のかたちで置かれてあったのだろうが、神殿を形作っていた巨大な石塊までもがもとあった場所から動かされてしまっているので、それに関しては記憶すら残っていない。

帰りの道では、サクサワマンの近くに典型的なインカ建築が広がっており、ガイドによればそれはインカ王の浴場として用いられていたものなのだそうだが、クスコから隔たっている距離を考えれば、君主の儀式用の浴場でもない限り、僕としては少し変なのではないかと思った。それに、(浴場の解釈が確かなら)、昔の皇帝たちはその子孫と同じくらいかあるいはそれ以上に強靱な肌をしていたのだということになる。そこの水は飲むのにはものすごくおいしいが、めちゃくちゃに冷たいからだ。頂上に不等辺四辺形のくぼみ(そのかたちの意味するところと働きについてははっきりしない)が壁に掘ってあるその場所は、タンボマチャと呼ばれており、いわゆるインカの谷の入り口にある。

けれども、考古学的・観光的な重要性において、この地域のあらゆる場所をしのぐのはマチュピチュである。マチュピチュとはインディヘナの言葉で古い峰を意味し、支配されていない民の最後の構成員を囲い地の中に守った都市には全く似つかわしくない名前だ。マチュピチュの遺跡を発見した考古学者であるビンガム（一八七五〜一九五六。ハワイ生まれ）は、これは侵略者に対抗するための避難所というよりも、支配者であるケチュア人の起源だった都市であり、彼らにとって神聖な場所であったとしている。その後、スペイン人による征服の時代には、敗退した軍勢を守る役目も果たした。一見、この考古学者の説が正しいように見えるような証拠が幾つかある。例えば、山のもう一つの斜面はその傾斜だけで攻撃から身を守れるほど切り立ってはいないにもかかわらず、オヤンタイタンボでは最も重要な防衛建築はマチュピチュと反対の方を向いて建っており、防衛陣にとってそちら側は安全だったのだということが分かる。今一つの証拠は、あらゆる抵抗が無益に終わっていた時期にさえ、都市を外部の目からずっと覆い隠しておくことに腐心していたということであり、インカ最後の王自身までがこの都市から遠く離れたところで囚われの身となったのだ。この都市でビンガムは、ほとんど女性だけの骸骨を発見したが、それらは、スペイン人が一人としてその構成員を見つけることのできなかった宗教秩序である、太陽神殿の処女たちのものであると思われる。この手の建築にいつも見られるように、台座となっている岩に彫り込まれた有名なインティワタナとともに太陽神殿が都市を見おろすようにして建っており、まさにその台座に、慎重に磨かれた石が連ねられていてそこが重要な場所であるということを示している。川の方を見ると、ケチュア建築の不等辺四辺形をした三つの窓がある。ビンガムはこれが、インカ神話の中の人物であるアイユ（ケチュア語で親族の概念を表すが、文脈により親族・身内・村人・村内の居住区画などいろいろな意味に用いられる）兄弟が、選ばれた民に約束の地への道を示すために外の世界へ出て来るときに通ってきた三つの窓だとしているが、僕の理解する限りではかなり無理矢理なこじつけだ。もちろんこの主張は大勢の名高い研究者によって叩かれたが、発見者であるビンガムが、太陽神をまつったクスコの神殿と同じように円形の境内であったとしている太陽神殿の機能もまた、議論の源となっている。いずれにせよ、石のかたちや細工は、これが主要な住居であったことを示しており、土台となっている巨大な石の下には一人あるいは複数のインカ王の墓があったと考えられている。

ここでは、この民族が作っていたさまざまな社会階級の間の違いをはっきり観察することができる。それぞれが階級に従って別々の場所に集まっており、都市のその他の場所からはある程度の独立を保っていた。最も豪奢な建築物ですら藁葺き屋根のものしか残っていないことから分かるのだが、残念なことに彼らは藁葺き以外の天井を知らなかった。しかし丸天井やアーチを知らなかった建築家たちにとっては、そういう造営上の問題を解決するのは大変難しかったのだ。戦士たちのための建造物の中では、一種の回廊に囲われた場所を見せてもらったが、そこにおいてある石には、人間の腕がゆうゆう通せる大きさの穴が各側面に一つずつ穿ってあった。見たところそれは肉体的な刑罰のために使われた場所のようだった。犠牲者は両腕をそれぞれの穴の中に入れさせられ、その後、腕の骨が折れるまで後ろの方へと押されるのだ。僕はこれがどれほど効き目があるのか疑いを持っていたので、指示通りに自分の腕を通してみて、アルベルトがゆっくりと僕を押した。すると、ほんのちょっと押すだけでも我慢できないほどの痛みが走って、胸を押し続けたら完全に粉々に崩れてしまう感じがした。しかし、約二百メートルほど高くそびえるワイナピチュ（「若い峰」）から見ると、この都市は実に威圧的に見える。ここの建築はそれほど価値のあるものではないので、居住地や要塞としてというより、見張り場として用いられていた場所であるに違いない。マチュピチュは、三百メートルほどもある深い険しい谷間と、「若い峰」と繋がっている縁の切り立った細長い峡谷とにそれぞれ守られて、二つの方角から難攻不落だ。最も脆弱な境界は段丘が続いていて守られており、この方角からの占拠が極めて難しくなっている。ほぼ南を向いている正面は、巨大な要塞がある上にこの部分で山が自然に狭隘になっているので、困難な経路になっている。しかも、流れの激しいビルカノタ川が山のそれぞれの面の後ろを流れていることを考えれば、初期の居住者たちがいかに上手に要塞を配置する場所を選んだかが分かるだろう。

実際のところ、どれがこの都市の原初の起源だったのかはたいして重要でないし、あるいはいずれにしても、そんな議論は考古学者たちに任せておいた方がよい。確かなこと、重要なことは、僕らはここで、アメリカ大陸で最も強大であったインディヘナ文明の純粋な表出を、目前にできるのだということである。この文明は勝者の文明に汚されることなく、役目を果たせなくて退屈をもてあましている城壁の間や、それを取り囲んでいる素晴らしい景色の中には、計り知れない回顧の財宝が満ち満ちている。またこの景色は、ここの遺跡の間を意味もなく徘徊する夢追い人や、あるいは、旅慣れた北米人を恍惚とさせるのに必要な環境を提供している。彼らは旅で目にする今は落ちぶれてしまった民族の象徴を、かつては生彩を放っていた城壁の中にはめ込んでみたりするが、しかしこの部族の精神面での変化のことは分かっていない。なぜなら、そんな違いは本当に微妙で、南米人の持っているような半分インディヘナの精神でもってしか感じることができないからだ。

地震の神

地震の後初めて、マリア・アンゴラという有名な鐘の音が、大聖堂から聞こえることになってい
た。この鐘は世界で最も大きい鐘の一つで、全部で二十七キロの金が使われていていると言い伝え
られる。マリア・アングロという名の上流婦人が寄贈したものであるようだが、あんまり響きの良
い名前だったので、そのまま今付けられている名前となったのだった。

大聖堂の鐘楼は、一九五〇年の地震で倒壊したが、フランコ将軍の政権の責任で再建され、それ
に対する感謝の意を表すために、楽団はスペイン国歌を演奏するよう命じられていた。最初の何節
かが演奏されると、司教の赤い縁なし帽がますます赤くなり、司教が操り人形のように腕を動かし
ているのが見えた。司教が「やめたまえ、やめたまえ、間違ってるぞ」と言っている一方で、バグ
パイプの腹を立てたような音が聞こえていた。「二年も練習してきたというのに、これを止めなさ
い!」。楽団は、善意でか悪意でか知らないが、ペルー共和国の国歌を演奏し始めていたのだった。

午後には大聖堂の大邸宅から「地震の神」が出てきたが、これはただの暗褐色のキリスト像で、
街中を連れまわされ、主要な寺院を巡回した。たくさんの暇人たちがその足元に一摑みの花を投げ
ようと押し合いへし合いしていた。この花は近くの山にいくらでも育っている花で、土地の人から

マリア・アンゴラ大聖堂（撮影者：ゲバラもしくはグラナード、1952年4月）

はヌクチュと呼ばれている。花の激しい赤色と、「地震の神」の鮮やかなブロンズ色と、祭壇の銀色が、この行列に何やら異教の祭りのような様相を与えており、それに行事のために一番いい伝統的な晴れ着を着ているインディオたちの色とりどりの衣装が合わさっている。彼らの衣装は、まだ生きた価値を持っている一つの文化、あるいは生活様式の表現である。これらのインディオたちとは対照的に、西洋風の服を着たインディオたちもおり、軍旗を掲げて、行列の先頭を歩いている。彼らの疲れているがとりすました表情は、マンコ二世の呼びかけに耳を貸さずにピサロに屈服し、独立民族としての誇りを打ち砕かれ堕落の中におぼれていったあのインディオたちの表情と似ている。

縦隊の行進に集まってきた地元の人びと

の低い背丈の上に、ときどき、カメラを持ちスポーツシャツを着たアメリカ人の金髪の頭が現れ、このインカの世界にやってきた別の世界の特派員のように見えた（というか実際にそうだったのだが）。

勝者の礎《いしずえ》

インカ帝国のきらびやかな首都であったはずの都市は、単なる慣性の力によって、長年の間その輝きを保っていた。富を握っているのは新しい人びとだったが、富そのものは同じものであり、しばらくの間はこの富が維持されたばかりでなく、この地方に集中していた金や銀の鉱山の生産によって増大していった。ただ単に、今はもうクスコは世界の中心ではなくて、その周辺にあるのと同じようなどうでもよい場所であるというだけのことであり、別の帝都の豪奢をはぐくむために、財宝は海の彼方の新しい首都へと移動していったのだ。インディオたちは、荒廃した土地で前のように一生懸命に働かず、征服者たちは、日々の糧を得るためにへとへとになるまで戦いその土地にへばりついて住み着くためにやってきたのではなく、英雄的な企てやただの盗みによって簡単に手に入る財宝をわがものとするためにやってきたのだった。少しずつクスコは衰弱していき、隅の方へ押しやられ、山脈の間に失われていった。その一方で、クスコの新しいライバルであるリマが、移動させたお金で仲介業者がしていた仕事の産物によって、太平洋岸に姿を現しつつあった。クスコを変貌させるような大異変は何も起きなかったのに、この輝かしいインカの首都は、今日のような過ぎ去った時代の遺物になってしまったのだ。ごく最近になって、全体の造営と不釣り合いな幾つかの近代建築が建てられるようになったが、植民地時代の繁栄の遺産は全て触れられないまま残されている。

大聖堂は首都のまさに中心に位置しており、その時代特有の屈強さがあって、寺院というよりも要塞のようだ。内部では、過去の偉大さの反映である虚飾が輝いている。側壁を飾っている数々の大きな絵は、境内に閉じこめられている富に釣り合うような芸術的な価値は全くないものの、場違いというほどでもない。それに、水から出てくる聖クリストーバルの絵は、僕の理解する限りではかなりの価値があるものだ。地震はそこにも怒りを降らせたので、絵の額縁は壊れており、絵そのものも痛んだり皺が寄ったりしている。金色の額縁や、同じように金色の、蝶番《ちょうつがい》から外されて老齢の朧ほうを見せるように元の場所から引き出された、飾り壁の扉がもたらす効果は興味深い。金には、古くなると新しい魅力を帯びてくる銀のような穏やかな気品がなく、大聖堂の側面の装飾は厚化粧をした老婆のようにすら見える。真の芸術的範疇に入るのは全て木造の聖歌隊席で、インディオかメスティーソの職人が彫刻したものであり、カトリックの聖人伝が描き出されている杉材の中に、カトリック教会の精神とアンデスの住民の謎めいた魂が混ざり合っている。

クスコの至宝の一つで、それにふさわしく全ての旅行者によって訪れられているのは、サン・ブラス大寺院の説教壇である。この大聖堂にはそれ以外何もないのだが、そこに見られる洗練された彫刻を前にひとときうっとりするに値するもので、大聖堂の聖歌隊席と同じように、敵対してはいるがほとんど補完的な二つの民族の精神の融合が見られる。街全体が巨大な見本集のようだ。教会はもちろんのこと、家の一軒一軒や、その辺の通りに突き出したバルコニーの一つ一つまでが、過ぎ去った時代を想起させる小道具となっている。

もちろんどれもこれも同じ価値を持っているわけではない。しかし今、あそこからこんなに遠くにいるのに、おおざっぱで色あせたメモを目の前にして、これ以上に僕を感嘆させたものを挙げることができない。訪れた教会は数知れないが、僕が思い出すのは、地震のせいで打ちひしがれた二つの鐘楼と並んで建っている丘の上で、切り裂かれた動物のように見えていたベレンの礼拝堂の痛々しい姿だ。

しかし実際、慎重に分析していくと、クスコにかなう芸術作品というのはほとんどないのだ。クスコでは、なにかしらの芸術作品を見に行く必要がない。ときには少しばかり不安げな感じを与えるものの、クスコの街全体が、死んでしまった文明の静かな印象を与えているのだ。

ただ、クスコ

クスコが内包するもの全てが地表から抹消されてしまっていたなら、そしてその場所に歴史を持たぬ村が作られていたなら、いつも話題に尽きなかったろうが、僕たちはシェーカーの中で混ぜるようにあらゆる印象をごちゃ混ぜにしてしまっていた。［クスコでの］その十五日間も、僕らの「たかり屋」としての性質は健在で、この性質は旅の間ずっと失われることがなかった。エルモサ博士宛の紹介状は結局のところ随分と役に立った。もっとも、エルモサ博士は何か親切をするためにそういう紹介状とか何とかを必要とするたちの人ではなかったのだが。彼にとっては、アメリカ大陸で最も優れたハンセン病学者の一人であるフェルナンデス博士と一緒に働いたことがある、ということを示す紹介状があれば十分で、アルベルトがいつもの手際の良さでその紹介状をうまく使ったのだ。この医師と非常に内容の豊かなおしゃべりをしたお陰で、僕らはペルーの生活がどのようなものか大体の展望を持つことができ、またこの医師の車でインカの谷全体を旅行するチャンスを得た。彼は僕らに対していつも腰が低くて、マチュピチュに行くための列車の切符まで手に入れてくれた。

この地方を列車で旅すれば、一時間に平均して十キロから二十キロしか進めない。列車が良い状態でないことに加えて、かなりきつい登りや下りがあるからだ。しかも、街の出口にある登りの困難さを克服するために、列車がしばらく前進してその線路の終わりまで来ると、もと来た道と別れていく支線にぶつかるまで逆戻りし、もう一度登り始める、という具合に線路が建設されなければならなかったので、頂上へ到達してビルカノタ川に注ぐ小川の流れに沿って下り始めるまでには、こういう行ったり来たりが何回も繰り返されるのだ。この旅行中に僕らはおしゃべり好きのチリ人と出会った。彼らは薬草を売っており、運勢を見ることができたが、僕らにきわめて親切に接してくれて、僕らがマテ茶に誘うと、それに応えるために持参していた食事を僕らにも分けてくれた。遺跡ではサッカーのチームと出会ってすぐに試合に招待され、僕は何回かのタックルで目立つチャンスがあって、アルベルトと一緒にブエノスアイレスの一軍のチームで選手をしていたことがあるということをあくまで控えめに証明した。アルベルトは、地元の人びとがパンパと呼んでいる小さなグラウンドの真ん中で、自分の腕前をひけらかしていた。僕らの技術が割に優れていたのでチームのオーナーの好感をかって、その人はホテルの支配人でもあったので、新しくアメリカ人の一団がやってくるまでの間、二日間そのホテルに泊まってもいいと言ってくれた。アメリカ人は特別のディーゼル列車に乗ってやってきた。このソト氏は、素晴らしい人であっただけではなく教養もある人物で、彼が夢中になっているスポーツの話題が尽きてしまうと、今度はインカ文明のあらゆることについて話すことができ、しかもかなり精通していた。

残念で仕方なかったのだが、僕らの出発の時が来て、ホテルマンの細君が入れてくれたおいしいコーヒーを飲み、列車に乗り込んで、十二時間旅をした後でクスコに着いた。この種の列車には、この地域のインディオのために用意された三等車というのがある。使われている車両は、アルゼンチンから家畜を運ぶための簡素なもので、ただ牛の排泄物の臭いの方が人間のそれよりもずっとましだというだけのことであって、概念としては、インディヘナは慎みと衛生の観念に関してある程度動物的なので、（性別や年齢にかかわりなく）彼らは道ばたで用を足し、女たちはスカートで拭くが男たちは何も使わず、そしてそれを当たり前だと思っている。インディオ女性と子どもの組み合わせはまさに排泄物の倉庫という感じだ。これは子どもがお腹を動かすたびに母親がきれいにしてやるのでこういうことになっているのだ。当然のことながら、これらのインディオたちの生活状態については、快適なディーゼル列車に乗って旅をしている旅行者では漠然としか想像できない。僕らの列車が停車中に、その側を猛スピードで通り過ぎていくときにちらっと見えたイメージからの想像だ。アメリカ人の考古学者のビンガムが遺跡の発見者となり、のちに普通の人たちにでも容易に理解できるお話的価値のかなりある物語の中に自分の知識を披露したので、この場所は米国でものすごく有名になってしまって、ペルーにいるアメリカ人のほとんどがここを訪ねたことがあるほどだ（一般的に、リマから直接飛行機で来て、クスコを見てまわり、遺跡を訪ねて、それ以上の関心を示すこともなく戻っていくのだ）。

クスコの考古学博物館はかなり貧弱だ。他の所へ逃避してしまった富が山ほどあることに権力者たちが開眼したときには、もう遅かった。財宝狙いや旅行者や外国人考古学者、つまりはこの問題に何らかの関心を抱いている人がこぞってこの地域を組織的に略奪してしまい、博物館に集めることのできたものはそのお残りだけで、ほとんどクズだ。それでも、りっぱな考古学的教養があるわけでもなく、インカ文明については最近のこんがらがった知識しかない僕らのような人間にとっては、そこですらかなり見るべきものがあり、数日間もかけて見たのだった。責任者は知識の豊かなメスティーソで、自分の体を流れる血を分けた民族に関して激しい情熱を持っていた。彼は僕らに、輝かしい過去と悲惨な現在について、完全な社会復権への第一歩としてインディヘナを教育する差し迫った必要性について、コカインとアルコールの催眠効果を弱める唯一の方法としてインディオの家族の経済水準を早く向上させる必要について、つまるところは、ケチュアに関する正確な知識をもたらし、この部族に属する人びとが過去を振り返って自尊心を持ち、現在を見てもインディヘナ社会あるいはメスティーソ社会に属することを恥じなくなる必要があることなどを、語ってくれた。この時期、国連ではコカインの問題が議論されていて、僕らは自分たちのアルカロイドの経験とその影響がどんなものだったかを彼に話すと、すぐに彼は自分にも同じことが起きたと答え、たくさんの人びとをクスリ漬けにすることで儲けを維持しようとしている輩《やから》に対する非難をぶちまけた。ペルーでは、コジャとケチュアを合わせると人口の過半数を占めるが、彼らがこの産物の唯一の消費者なのだ。この責任者の半分インディオ風の顔立ちと、情熱と未来への希望で輝く目は、この博物館の展示品とは違い、生きた展示品であり、今も自らの個性を求めて戦っている民族の証なのだ。

ウアンボ

僕らが押したドアの呼び鈴全部の電池が切れてしまったので（どれだけまわっても泊めてもらえる場所が見つからなかったということ）、ガルデルの教えに従って、北へと針路を変更した（アルゼンチンのタンゴ歌手、作曲家、カルロス・ガルデルの曲「ジーラ・ジーラ（廻る廻る）」の一節の直喩。）。ウアンボのハンセン病療養所の手前にあるウアンカラマ行きのトラックがアバンカイから出ているので、ここでどうしても止まらなければならなかった。泊まる場所と食べ物を手に入れるのに利用した方法はそれまでと全く変わらないもので（治安警察と病院で）、移動手段も同じくだった。ただ、その頃は聖週間《セマナ・サンタ》（キリストの復活祭で休暇となる）であまりトラックがなかったので、移動手段を確保するためにはこの村で二日間待たねばならなかった。僕らはこのちっぽけな村をうろうろ歩き回ったが、空腹を忘れられるほどおもしろいものは実際何もなかった。病院の食事はとても少なかったのだ。僕らは川辺の芝生の上に寝そべって、夕暮れ時の変化に富んだ空を眺めながら、想像を膨らませて、過去の色恋沙汰の思い出を思い浮かべたり、あるいはおそらく、雲の一つ一つに何かしらの食べ物の魅惑的な姿を見いだしたりしていた。

　警察署に寝に戻ろうとして近道をしたときに、完全に道に迷ってしまい、種を蒔いた畑や板枠の間を歩き回ったあげく、一軒の家の敷地にたどり着いた。石塀の上からのぞくと、一匹の犬と飼い主が見えたが、月明かりに照らされてお化けのように見えた。僕らが計算不足だったのは、逆光の中で壁にもたれ掛かった僕らの姿の方がもっとずっとおっかなく見えたということだった。僕はとても行儀良く「今晩は」と言ったのに、その返事によく聞き取れない物音が返ってきて、僕にはビラコチャ（インカの創造神の名であるこのことばを、先住民は白人を指して使うことがよくある。）という言葉が聞こえた気がした。男と犬は家の中に閉じこもってしまって、僕らが友好的に申し開きをして謝っているのに答えてくれなかった。そこで僕らは、道路のように見える小道につながる正面の門からゆっくりと出ていった。

　そんな退屈な時間を過ごしているとき、僕らは村の祭り事を近くから見ようと教会に行った。気の毒な修道士は三時間ものの説教をどうにかこうにかやっているところだったが、一時間半も経った時分だったろうか、もうその頃にはお馴染みの箇所はみんな出尽くしていた。司祭はすがるような目つきで聴衆を見つめながら、ひきつる手で教会のあらゆる場所を指さしていた。「ご覧なさい、あそこをご覧なさい、主が私たちのもとへとやってきます、主は私たちと共にあられます、そして主の魂が私たちを照らしておりますよ」。一息ついてから、司祭は何でもかんでもだらだら続けてしゃべっていたが、もう何を言ってよいやら分からなくなって黙りそうになると、深い劇的な衝動に駆られて、似たような言葉を吐き出した。辛抱強いキリストが五回か六回も引っぱり出されると、笑いがこみ上げてきて、僕らは大慌てでそこから出ていった。

何が原因か分からないが喘息の発作が出て（誰か信心深い人なら分かると思うが）、とにかくウアンカラマにつく頃にはほとんど立ってもいられないほどになってしまった。僕はアドレナリンを一アンプルも持っていなくて、喘息はひどくなっていった。駐在の警官の毛布にくるまって、雨を眺めながら強い黒たばこを一本また一本と吸っていると、少しは息が楽だった。明け方になってようやく、廊下の柱にもたれ掛かって眠った。朝にはもう少し回復していて、アルベルトが手に入れてきてくれたアドレナリン注射とアスピリン何錠かのおかげで、僕は新品みたいに元気になった。

僕らはこの街を治めている中尉、つまりは一種の市長なのだが、その人に会ってハンセン病治療所まで行くために馬を二頭都合してもらおうとした。彼は非常に親切に応対してくれて、五分で警察署に二頭馬を届けると約束してくれた。馬を待っている間僕らは、似たような格好の一群の巨体の青年たちが、昨日僕らにはあんなに親切に応じてくれたあの軍人の威圧するような声に操られて運動をしているのを眺めていた。僕らが到着したのを見ると、軍人はやっぱり全然違う態度で僕らに挨拶してくれたが、その間も彼が担当している「熊」たちに、同じ声の調子であらゆる種類の運動をやらせていた。ペルーでは兵役を果たさねばならないのは該当年齢の青年の五人に一人だけで、残りは一そろいの運動を毎日曜日にすることになっており、軍人の犠牲になっているのだ。実際には全員が犠牲者なのだが。徴兵された者たちは教官の怒りの犠牲者だし、教官の方は生徒のぐずさの犠牲者だ。生徒の大部分はスペイン語が分からず、しかも何で司令官の単純な思いつきで回れ右や回れ左をしたり行進したり突然停止したりしなければならないのかがいまいち分かっておらず、なにもかもいやいややっていたので、どんな人間でも激怒できるくらいだった。馬が到着して、軍人はケチュア語しか話さないガイドを付けてくれた。僕らはこうして、歩きにくそうに馬の手綱を引いている徒歩のガイドに先導されて、他の種類の馬だったら通れそうもないような山がちの道のりを行く旅を開始した。道のりの三分の二ほど行ったところで老女と青年が現れ、手綱にしがみついて何やらくどくどと言ってきたが、僕らに分かったのは「カバジャタ」［馬］という言葉だけだった。老女の方が柳のかごを山ほど持っていたので、僕らは始めは彼らのことを柳のかごの売人だと思っていた。「私、買う、欲しくない、私、買う、欲しくない」と僕は彼女に言ってやった。もしアルベルトが、僕らの話し相手がケチュア人であってサルのターザンの親戚ではないのだということを思い出させてくれなかったら、僕はこれに似たような言い方でしゃべり続けていたに違いない。ついに反対の方から人がやってきて、この人はスペイン語が話せたので、このインディオたちがその馬の持ち主であり、中尉の家の前を通りかかったときに馬を取りあげられて、中尉はその馬を僕らに渡したのだということを説明してくれた。僕の馬の持ち主である、徴兵された若者は、兵役を果たすために七レグア（長さの単位。一レグアは約五五七二メートル）も離れたところからやってきていて、気の毒な老女は僕らの行く方向とは反対の方に住んでいたので、人としての務めを果たすために、馬を下りて徒歩で旅を続けなければならなくなった。ガイドは、手放すことのできない僕らの書類鞄を背中に背負って、僕らの前を歩いていった。こうして僕らは最後の一レグアを歩いてハンセン病療養所にたどり着き、そこでガイドの青年にお礼として一ソルをあげたのだが、彼はこんな乏しい支払いなのに僕らに大いに感謝した。

僕らを迎えたのは療養所の所長であるモンテホ氏で、療養所に泊めることはできないがその地域の農場主の家に泊めてもらえるようにしてあげようと言って、結局そうしてくれた。農場主はベッドと食事付きで部屋を一つ与えてくれたが、これらは僕らがまさに必要としていたものだった。翌朝僕らはこの小さな病院の患者たちを訪ねていった。病院で働く人びとは黙々と慈善の労働をしていた。全般的に状態はひどいものだった。半ブロック以下しかないちっぽけな敷地の三分の二は病棟で占められていて、その中では医者に見放された人びとが生活を送っており、彼らは三十一という数字のなかに自分の命が過ぎていくのを見、死が到来するのを無関心に眺めている（と少なくとも僕は思う）。衛生状態は最悪で、これは山岳地のインディオにとっては何でもないことだが、たとえ少しばかりであってもそれより洗練された他の環境から来た人にとっては途方もなく不快なもので、干しレンガの壁に四方を囲まれたその部屋の中で、他の言語を話す人びととまた一日中絶えず姿の見える四人の職員の間で、一生を過ごさなければならないのだと考えただけで、気が狂ってしまいそうだ。

粗野なわら葺き屋根と葦の張り天井と土間の部屋に入っていくと、白い肌の少女がケイロスの

『いとこバシリオ』を読んでいた。彼女は僕らと会話をし始めてすぐに、こんな状態は地獄だと言ってさめざめと泣き出した。アマゾン地域出身のこのかわいそうな少女は、クスコに住みに行ったのだが、そこでハンセン病と診断され、治療のためにもっとずっと良い場所へ送ってあげようと言われたのだった。クスコの病院はもちろん素晴らしい場所とは言えないが、ある程度の居心地の良さはある。「地獄」という評価は、少女の状況を見れば、本当にその通りだと思う。この施設で唯一ましだと言えるのはその医療処置で、その他のことを我慢できるのは、ペルー山岳地帯のインディオたちの持つ宿命主義的な悩める精神だけだ。近隣の人びとの愚かさも、患者たちと職員たちを一層孤立させている。彼らのうちの一人が僕らに話してくれたのだが、外科医の院長先生がある程度難しい手術をしなければならなかったのだが、台所のテーブルの上では執刀することができず、外科器具も何もなかった。そこで近くのアンダワイラス病院に、死体安置所でもいいから場所を貸してくれと頼んだのだが断られ、患者の女性は処置を受けることなく死んだのだった。

モンテホ氏の話では、有名なハンセン病学者であるペッシェ博士の主導でそのハンセン病治療センターが創立されたとき、新しいサービスに関する全てについて、設立当初から彼自身が責任者を務めていた。ウアンカラマ村へやってくると、彼はどこにも泊めてもらえず、一人か二人いた友人も泊めてくれなかった。雨が近づいているようだったので、豚小屋に避難するしかなく、そこで一晩過ごしたのだ。前に話した女性の患者は、ハンセン病療養所が設立されてからもう数年経った頃だったのに、徒歩でやって来なければならなかった。彼女と付き添い人のために二頭の馬を都合してくれる人がだれもいなかったからだ。

最大の善意をもって、僕らを手厚くもてなしてくれてから、この地域で建設中の、古い病院から数キロ離れたところにある新しい病院を見に連れていってくれた。僕らの意見を求めるときの職員たちの目は、まるで自分自身が汗水たらしてレンガの一つ一つを積んで造ったものであるかのように、誇りに輝いていた。僕らの批判を増やしていくのは残酷なように思われたが、新しい療養所も古いものと同じ欠点を持っていた。実験室も無く、外科設備も無く、もっと悪いことには、一日中そこにいる者にとっては本物の拷問になる蚊のわんさといる地帯にあるのだ。確かに、二百五十人の患者と住み込みの医者を収容することができ、衛生面も少しは改善されているのだが、まだまだやるべきことはたくさんある。

この地方に二日間留まっているうちに、僕の喘息がひどくなっていったので、もっとちゃんとした治療をするためにこの場を去ることにした。

僕らに宿を提供してくれていた農場主が用意した馬に乗って、いつものようにケチュア語を話す口数の少ないガイドに道案内をしてもらいながら僕らは帰路に就いた。彼は雇い主に言いつけられて、僕らの荷物を運んでくれた。というのは、この地方の裕福な人びとの考え方では、たとえ徒歩であっても、召使いが全部の荷物とこの手の旅の不便さを全部しょい込むのが、ごく自然なことであるからだ。僕らは最初の曲がり角で自分たちの姿が見えなくなるのを待って、僕らのガイドから荷物を引き取ったが、不可思議だと言わんばかりの彼の顔からは、彼がこの行為を評価できるのかできないのか、分からなかった。

ウアンカラマに戻ると、いつものように北の方角へと僕らを運んでくれるトラックが見つかるまでの間、また治安警察に泊めてもらった。トラックは、僕らがこの小さな村に着いた次の日に確保できた。一日とても疲れる旅をして、僕らはついにアンダワイラス村にたどり着き、そこで僕は少し体調を整えるために入院した。

ひたすら北へ

二日間入院して僕がある程度回復すると、僕らはその避難所を捨てて、僕らの偉大な友人である治安警察の施しを頼っていき、彼らの方はいつものごとく好意的に僕らを迎えてくれた。僕らはごくわずかしかお金がなく、食事をとることもはばかられるほどだったが、リマに着くまでは働きたくなかった。リマなら、少しは給料のいい仕事にありつけそうで、そうやって旅を続けるためのお金を幾ばくか貯めることがかなり期待できたからだ。まだ帰るつもりなど全くなかったものだから。

駐在所の担当の少尉が面倒見のよい人で、僕らを食事に招待してくれ、僕らは来るべきときに備えて少しばかり蓄えることができ、待機の最初の一晩はかなり快適に過ごせた。しかしその次の二日間は空腹と退屈さにひきつひかれつの状態だった。空腹はもう僕らの日常にとって習慣的な相棒になっていたし、しかも、旅を始めるか続けるかするトラック運転手は間違いなく管理基地に身分証明に行くので、僕たちも管理基地からあまり離れることができなかったからだ。

三日目の終わり、すなわちアンダワイラス滞在五日目に、僕らは待っていたものをアヤクーチョに向かうトラックという姿で手に入れた。ところでこれは本当にタイミングが良かった。というのは、警官の一人が服役中の夫に食事を運んできたインディオ女性を侮辱するのを見て、アルベルトが乱暴な反応をしたからで、インディオのことなど生かしておいてやれば十分だと考えているような人間にとっては、このような反応は完全にとんちんかんなものに見えたに違いなく、僕らは少しばかり反感をかってしまったのだ。

夜になる頃僕らはその村を出た。やむなくここに留まっている間、僕らは数日間捕らわれの身だったのだ。今は車はこの村への北の入り口に立ちはだかる山々の頂上へと進んでおり、気温が一分ごとにどんどん低くなっていっていた。最悪なことには、この地方で降るひどいにわか雨で完全にびしょぬれになってしまった。今回は何も雨を防ぐものがなく、十頭の若い雄牛をリマに運ぶトラックの端っこの方で濡れるままになっていて、トラック運転手の助手の代わりもしているインディオの子どもと一緒に、僕らは牛の世話をする役目を負っていた。チンチェロスという名の村で泊まったが、僕らは寒さのあまり、文無しの浮浪者であるという情けない状態さえ忘れてしまって、少なくともましなものを食べ、二人分のベッドを頼んだ。当然のことながらたっぷりと涙を流して訴えかけられると、家主も少しは同情して、全部で五ソルにしてくれた。日中は相変わらず深い峡谷から「パンパ」へと進んでいった。「パンパ」と呼ばれているのは山脈の頂上にある台地で、ペルーでは何度もこういう台地を横切らなければならないが、偶然出来上がったこの地形には、樹木の生い茂るアマゾン地域を除いては、ほとんど全く平野がない。時間が経つほど僕らの仕事が増えていった。おがくずの層で出来た支えの基盤を失い、しかもトラックの揺れに耐えながら同じ姿勢でいるのに疲れてきた牛たちがしょっちゅう倒れてしまうので、他の牛に踏みつけられて死んでしまわないように、何がなんでもそれを引っ張り起こさねばならなかったからだ。

ある時アルベルトが、一頭の牛の角が他の牛の目を傷つけていることに気づいて、ちょうどその時そちら側にいたインディオの子どもに知らせた。この民族の精神の全てを込めて肩をすくめながら、子どもは言った。「これからどんな見るものがあるってんだい」。そして落ち着き払って、紐を結び続けた。それは中断されたときに専念していた仕事だった。

ついに僕らは、この街を取り囲む平原でボリーバルが勝利をおさめた決戦があったため、アメリカ大陸の歴史において有名な、アヤクーチョ（一八二四年、ベネズエラ生まれの軍人シモン・ボリーバルはアヤクーチョの戦を指揮しスペイン軍に勝利し、ラテンアメリカ地域の独立を決定づけた。）に到着した。そこでペルーの山岳部の全ての街を悩ましている照明の欠陥は頂点に達していた。電球は夜に目立つオレンジ色っぽいかすかな光を放っているから見分けられるだけだ。外国人の友達を収集するのが趣味だという人が、自分の家で泊まるようにと僕らを招待してくれて、しかも翌日北の方へ出発するトラックを僕らのために調達してくれたので、僕らはこの村の狭い都市部にある三十三の教会のうちの幾つかを訪ねることしかできなかった。このよい友人に別れを告げて、僕らはひたすらリマを目指した。

ペルーの中心部

僕らの旅は同じ調子で続いており、ときどき誰か慈悲深い人が僕らの極貧を気の毒に思ってくれる時だけ、食事をとった。しかし腹一杯食べるということは決してなく、夜になって、落盤があるのでそれより先には進めないと知らされたときは、欠乏症がひどくなった。そこでアンコという小さな村でその夜を過ごすことになった。翌朝早くトラックに乗って出発したのだが、ほとんど行かないうちに落盤があったので、そこで一日中足止めを食らって、腹ぺことはいえ興味津々で、僕らは道に落ちた巨大な石を爆破する作業を観察していた。労働者一人に対し少なくとも五人の割合で現場監督がいて、意見を交わし合い、あらゆる方法でダイナマイト技師の仕事を邪魔していたが、ダイナマイト技師の方も、仕事熱心な手本とはいえなかった。

僕らは峡谷の下の方を流れていた激流で泳いで空腹をごまかそうとしたのだが、水があんまりにも凍てついていたので、長時間流れの中にいることは出来ず、実際僕らはどちらもそんな冷たさをあまり耐えられる方ではなかった。いつもの泣き落としをやったところついに、ある人が一本のトウモロコシを、別の人が牛の心臓と肺をくれた。すぐに僕らはある婦人の鍋を借りて調理場をこしらえ、食事の準備を始めたが、作業の途中でダイナマイト技師が道を通れるようにしてしまったので、トラックの一群が動き始め、婦人は僕らから鍋を取りあげてしまい、僕らはトウモロコシを生で食べ、焼けなかった肉をしまわなければならなかった。最悪なことには、ひどいにわか雨が来て道が危険なぬかるみになってしまい、しかも夜が近づいていたのだ。一度に一台ずつしか通れなかったので、まず最初は落盤の向こう側で動きのとれなくなっていたトラックが通り、その後で僕らの側にいたトラックが通った。僕らは長い行列の先頭の方にいたのに、一番先頭にいたトラックの作動装置が、悪路を通るのを手助けしていたトラクターに乱暴に押されたせいで壊れてしまって、またもや全員動きがとれなくなってしまった。ついに、前にケーブルを付けているタイプのジープが一台反対側からやってきて、そのトラックを脇へどけてくれたので、他の者は皆前進することが出来た。車は一晩中走り続けた。またいつものように谷間から出ようとしていたが、雨でびしょぬれになった僕らの服を氷のように突き刺してくる冷え切ったペルーのパンパを登っていくのに備えて、どうにか少しは体を覆ってはいた。アルベルトと僕は、同じ場所にじっとしているせいでつってしまいそうなお互いの脚を重ね合わせて伸ばしながら、二人でがたがた震えていた。どこにもないのに体中で感じているような奇妙な空腹感があって、そのせいで僕らは落ちつかない嫌な気分だった。

ウアンカヨでは少しずつ朝日が射してきて、僕らは自分たちがトラックから降ろされる場所と、いつものように滞在しなければならない治安警察の駐在所との間にある十五ブロックを走っていった。そこで僕らは少しばかりのパンを買い、マテ茶をいれて、例の牛の心臓と肺を取り出し始めたのだが、おこしたばかりの火の上にそれをやっと置くか置かないかのうちに、オクサパンパに行くトラックが僕らを乗せていってくれると言ってきた。僕らがオクサパンパに行きたかった理由は、そこにアルゼンチンの友達の母親が住んでいて、というか住んでいると僕らは思っていて、数日は空腹を癒すことができ、少しはお金も手に入るのではないかという期待があったからだ。そういう訳で僕らは、飢えきった胃袋の熱望に突き動かされて、ウアンカヨをほとんど知ることなく出発したのだった。

道は最初のうちはとても良く、次々といくつかの村々を通り過ぎていったのだが、夕方の六時頃になると、一度に車一台も通るのが難しいような道を行く危険な下り坂が始まった。そのためそこでは、普通、一日に付き一方方向に行く車両の通行しか許可されていないのだが、その時はどういう理由でか分からないが例外になっていて、大声で叫んだり手で合図したりしながら、激しくトラックが行き交い、後輪のうち外側の二つのタイヤは夜なのでどのくらい深いのかも分からない崖に突き出していて、あんまり安心できる光景とは言えなかった。アルベルトと、それぞれ端っこの方に寄り、寝そべって半分上体を起こし、何か事故が起きたときにはすぐに地面に飛び降りられるよう身構えていたが、旅の連れのインディオたちは少しも動かなかった。けれども、この道を走り続けることのできたトラック運転手よりも運の悪かった同業者たちの遭遇した危険の痕跡の残る断崖沿いの道に交じってくる道がかなり何本もあったので、僕らの恐怖心はまるきり根拠のないものではなかったのだ。しかも転落していったトラックは、一台に付きものすごい数の人間を、その底には落ちる人全てのほんのちっぽけな希望すら打ち砕いてしまうような激流が流れている二百メートルもありそうな深淵へと運んでいたのだ。この地方の言い伝えでは、どの事故でも結果として全員が死亡しており、この深淵からはただ一人のけが人も戻ってきたことがないということだ。

今回は幸運にも何も異常なく、夜の十時頃には、下の熱帯の地方にあるラ・メルセーという村に到着した。この村の人びとは密林の住民の典型的な顔立ちをしていて、ここではある慈善的な人が夜を過ごすためにベッドを一つ空けてくれ、たくさんの食事も出してくれた。もっとも食事は、最後の時になって含まれることになったのだが。この人が僕らがくつろいでいるかどうか見にやってきたとき、少しばかり空腹を癒そうと一本の木からもぎ取ったオレンジの皮を、隠すのに間に合わなかったのだ。

その村の治安警察で、この村ではトラックの登録が必要とされていないことが分かって、がっかりした。ということは、今までのようにただで僕らを乗せていってくれるトラックを見つけるのは難しいということだ。その村で僕らはある殺人事件の告訴の証人となった。告訴したのは犠牲者の息子と大げさな態度の褐色の肌の男で、この男は死んだ人の親しい友人だと言っていた。事件は不可思議に数日前に起こり、容疑者は一人のインディオで、彼らはこのインディオの写真を持ってきており、巡査部長はこう言いながら僕らに写真を見せた。「見て下さい、先生方、殺人者の典型的な例ですよ」。僕らはその指摘を熱烈に支持したが、警察署を出るときに僕はアルベルトに「誰が殺したんだと思う?」と訊いた。彼は僕と同じことを考えていて、そのインディオよりあの褐色の肌の男の方がそれらしい顔をしていたと思っていたのだった。

教えられた「奴」を何時間も待っているうちに、僕らはただで問題を全て解決してやるという仲介人と友達になった。実際、一人のトラック運転手と話してくれて、この運転手は僕らを乗せてくれたのだが、後になってこの男が一人あたま二十ペソ取っていたところを五ペソまけてもらっただけなのだと分かって、本当のところは硬貨を幾つかだったら持っていたのだが、僕らは文無しなのだと訴えると、この仲介人は自分が債務を負ってやると約束し、本当にそうしてくれた上に、到着すると僕らを自分の家に寝に連れていってくれた。道は昨日ほどではないものの大変細く、山や、バナナやらパパイヤやらその他何かしら熱帯の果実がなっている植物に囲まれてとてもきれいだった。オクサパンパに着くまで絶えず登ったり下ったりの繰り返しだった。僕らの目的地であり道路の終わりにあるオクサパンパは海抜約千メートルのところにあった。

そこまでは僕らは告訴の時の黒人と同じトラックに乗っていった。この男は道中停止したときに食事をおごってくれ、コーヒーとパパイヤと黒人奴隷に関する講義をし、自分の祖父はその黒人奴隷の一人だったと言った。このことを彼ははっきりと言ったのだが、恥じていることが見て取れた。いずれにせよ、彼は友達殺しの犯人ではないという結論に達して、アルベルトもこれに同感だった。

打ち砕かれた期待

ものすごくがっかりしたのだが、翌朝、アルゼンチンにいる僕らの友達は僕らに間違った情報を渡したのであって、もうかなり前から彼の母親はそこには住んでいないということが分かった。しかしその代わりにその義兄が仕んでいて、僕ら二人が「死にそう」なのを助ける役目を彼が負わなければならなくなった。非常に素晴らしいもてなしを受けて、しかるべき方法で食事をふるまってもらったのだが、どうやらペルー伝統の流儀でだけ宿泊客を受け入れるのだということが見て取れた。僕らは全然お金がなく、数日来の空腹を抱えていたので、立ち退き命令でも出ないかぎりは何もかも無視することにして、無理矢理こじつけた友人の家で始終食べていた。

このようにして僕らにとってはおいしい一日が過ぎた。川で泳ぎ、心配事全てから遠ざかって、おいしいご飯をたらふく食べ、おいしいコーヒーを飲んだ。全てのことに終わりがあるのは残念だ。二日目の夜、その技師は——このペテン師は技師だったのだ——効率的な上にうんと安上がりの救済措置を考えついたのだ。道路管理局に雇われているという誰やらが現れて、僕らを一気にリマまで連れていってくれるというのだ。僕らにしてみれば、見通しが立たなければならないと思っていたし、僕らの運勢を改善するためにも首都に到達したいと思っていたので、それは願ってもないことだった。そこで僕らはまんまと罠にはまった。

その夜僕らは一台のトラックの後ろから乗り込んで、激しい雨に耐え骨までずぶぬれになった後で、午前二時に道のりの半分にも全然満たないサン・ラモンで降ろされてしまった。車を取り替えるので待っているようにと言われ、僕らがあんまり疑わないように自分の連れを僕らと一緒に残していった。この連れは十分もするとタバコを買いに行き、このお利口なアルゼンチン人二人組は、完全にしてやられたという苦い現実に、朝の五時になってようやく気が付いたのだった。ただただ、あの運転手が嘘ではなく本当に闘牛の角にかかって死んでしまっていることを願うばかりだ（……

［本文に欠如］）（腹の中はそうではなかったのだが、僕らには彼があんまりいい人そうに見えたので、何もかも信じてしまったのだ……車を取り替えるという話まで）。もうすぐ夜が明けるというときに、僕らは二人の酔っぱらいに出くわしたので、僕らの名作、「記念日」の演目を始めた。そのテクニックは次のようなものだ。

一、いかにも訛りの入った言葉をきつく言う。例えば、「チェ、急げよ、くだらんことはやめて」。カモが現れてすぐに僕らがどこの出身かを尋ねてくる。会話が始まる。

二、遠くの方をぼんやり見つめながら、静かな口調で困難な状況を語り始める。

三、僕が口を挟んで、今日が何日か尋ね、誰かが日付を言う。アルベルトがため息をついて言う。「なんて偶然なんだろう、今日でちょうど一年だぜ」。カモが何が一年なのか訊いてくるので、旅行を始めてから一年だと答える。

四、僕よりもずっと厚かましいアルベルトは、大きなため息をついて言う。「こんな状況にいるのが情けないよ、一年経ったのを祝えないなんて」（僕に向かって内緒のようにこう言う）。カモはすぐにおごろうとするが、僕らはしばらくの間はそんな好意には甘えられないからとか何とか言って遠慮し、けれども最後には受け入れる。

五、一杯飲んだ後で、僕は断固としてもっと飲ませてもらうのを断り、アルベルトが僕を笑いものにする。おごっている方は腹を立てて、どうしても飲めと言ってくるが、僕は理由は言わずに断る。男の方はどうしても飲ませようとするので、そこで僕はものすごく恥ずかしそうに、アルゼンチンでは食事をしながら飲むのが習慣だと告白する。食事の量はもはや客の顔によって決まるのだが、これはもう磨きのかかったテクニックだ。

　サン・ラモンではこういうふうにして、いつものように、ものすごい量のお酒を多少の固形の食べ物で少しばかり固めることができた。午前中は、とても美しい場所で川辺に寝そべっていたが、僕らの美的感覚には入ってこず、ありとあらゆる食べ物の驚くべきかたちに姿を変えていた。その近くに、一つの囲い地があって、そこからオレンジの魅力的な丸い形がのぞいていた。僕らの空きっ腹は猛り狂い哀しかった。一時はお腹がいっぱいで口の中が酸っぱい感じがしていたのに、じきにまたものすごい空腹のうずきを経験していたからだ。

　お腹を空かせた僕らは、ちょうどいいところでいつでも姿を消してくれる、もともとほとんど持ち合わせていない恥を捨てることにして、病院に向かった。今回は珍しくアルベルトが内気になってしまったので、僕が主導権を握らねばならず、次のような外交的な訓辞をたれた。そこには一人の医師がいたのだが、

「先生、私は医学部の学生で、私の連れは生化学者です。私たちは二人ともアルゼンチン人ですが、お腹を空かせています。何か食べさせて下さい」。こんなびっくりするやり方で真っ正面から攻撃を受けて、気の毒な医師は自分の経営する食堂で僕らに食べ物を出すように指示するほかなかった。僕らは情け容赦なかった。

　アルベルトが恥ずかしがったので、お礼も言わずに、僕らはトラックを捕まえることに専念し、一台捕まえた。ときどきコーヒーを買うために車を停める運転手の助手席に快適に座って、僕らは今リマの方角へと向かっていた。

往きに僕らの不安をかり立てていた断崖沿いのごく細い道を登ってきており、運転手は道路脇に見える十字架の一つ一つの物語りを熱を込めて話して聞かせていた。そんなとき、不意に、誰の目にもとまるような道の真ん中の巨大なくぼみにはまった。この男は運転の仕方を全然知らないのかもしれないという恐怖心が僕らを襲ったが、理性の一番基本的な部分が、そんなことはあり得ない、こんな場所ではよほど運転のうまい人間でなければきっと転落しているはずだから、と訴えていた。アルベルトはそつなく忍耐強く、男から真実を引き出していった。この男の言うところによれば、転んだせいで目がよく見えなくなって、そのためくぼみにはまってしまうのだそうだ。僕らは、彼が運ぶ人びとや彼自身にとって、そんな状態で運転することがどんなに危険かを分からせようとしたのだが、この人に理屈は通じなかった。それが彼の職業で、給料も良く、雇い主はどのようにして到着したかではなく、到着したかどうかしか訊かないし、それに、運転免許証もとても高くついた、発行して貰うためにたくさん賄賂を支払わなければならなかったから、と言うのだ。

トラックの持ち主はもう少し先で乗り込んできて、僕らをリマまで連れていってくれる気があることを示したが、上の方に乗っていなければならなかった僕は、そんな風にトラックに人を乗せて運ぶことは禁じられていたので、警察の検問でうまく隠れなければならなかった。持ち主も良い人で、首都に着くまで何かしら食べ物をくれた。しかしその前に僕らはラ・オロヤを通りかかり、ここには僕らが見てみたいと思っていた鉱山地帯があったのだが、早く通り過ぎたので見ることはできなかった。海抜四千メートルほどのところにあって、全般的な様相から、鉱山での生活の大変さが見てとれる。巨大な煙突が黒い煙を上げていて、何もかもをすすで一杯にしており、道を歩いている鉱山労働者の顔も、全てを灰色がかった単調な色に統一してしまうその煙の古びた悲しみに覆われていた。山での灰色の日々に完璧に調和している。まだ日中だった時に、僕らは海抜四八五三メートルにある道の頂点を通り過ぎた。まだ昼間だというのに、ものすごい寒さだった。旅行用の毛布にくるまって、僕はあらゆる方角に広がっている全景を見渡しながら、トラックのうなり声にあやされて、ありとあらゆる詩句を大声で怒鳴っていた。

その夜はリマのすぐ近くで眠り、翌日の早朝にはもうリマにいた。

副王の都市

僕らはこの旅行の幾つかの段階の中で最も重要な段階の終わりにさしかかっていた。文無しで、近いうちにお金が手に入る見通しなどあまりなかったが、満足していた。

リマは美しい都市で、新しい家々の後ろに植民地としての過去をすでに葬り去ってしまっている(少なくともクスコを見た後では)。美しい街としての評判を正当化する程ではないが、居住区域も大変良く、幅の広い通りに囲まれていて、海の近くの保養地は非常に快適だ。この街からカヤオ(首都リマに隣接する海港都市)の港までは広い幹線道路が何本か走っていて、リマの住民は短時間で港まで行くことができる。たくさんの戦争行為の舞台となった要塞以外、カヤオには特別に魅力的なものは何もない（国際港につきもののあの完璧な画一さがあるだけだ）。巨大な壁の側に立つと、独立戦争における武勲の中でも特に輝かしいエピソードで、南米の水兵たちの指揮をとって攻撃をかけ要塞を陥落させた、コクラン卿の並々ならぬ偉業に驚嘆させられる。

リマの中で語り草となるにふさわしい場所は市の中心部にあり、クスコの重々しい巨塊とはあまりに違う、素晴らしいカテドラルを取り囲んでいる。クスコでは、征服者たちが自分たち自身の偉大さの粗野な記念碑的意義を形にしたのだ。ここでは芸術が型にはまっていて、ほとんど、ちょっと女性的だと言えるほどだ。塔は高くてすらりとしており、植民地にあるカテドラルの中で一番細身な塔かもしれない。その優雅さは素晴らしいクスコ彫刻を残しており、金箔が張られている。教会堂の外廊は明るく、あのインカ都市の敵意に満ちた洞穴とは対照的だ。飾られている絵も明るくて、ほとんど陽気なくらいで、束縛された暗い怒りを込めて聖人たちを描いた不可解なメスティーソたちよりも後の派の絵だ。どの教会でも、金箔をほどこした正面扉と祭壇に、チュリゲーラ様式（過剰装飾を特徴とする）が一通り見られる。金銭的な豊かさのために、ここの侯爵たちは最後まで、アメリカ大陸軍による解放に抵抗した。リマは、植民地の封建制度からまだ抜け出せていないペルーを完全に代表している。いまだに、本物の解放革命の血が流されるのを待っているのだ。

しかしこの風格ある街の片隅には、マチュピチュの印象を思い出すために僕らが最も好んでしょっちゅう訪れた場所がある。それは、純粋なインディオの血統の賢人、フリオ・テーヨ氏（一八八〇〜一九四七。ペルーの考古学者。チャビン・デ・ワンタル遺跡の発掘などペルー全土の文化遺跡の調査に力を尽くした）が創った考古学博物館で、その内部には並大抵ではない価値のある収集物が納められている。文化全体がまとめあげられているのだ。

リマからプカルパまで

コルドバとすごく似ているということはないが（リマについての著述）、やはり植民地都市というか、地方都市のと言った方がいいだろうか、そんな様相を呈している。書状を持って僕たちを待っていた領事に会いに行って、説教を聞かされたあとで、領事館事務局の能なしの事務員宛の紹介状がどうなっているか見に行ったのだが、もちろんこの事務員は、僕らを冷たく追い払った。僕らは兵営から兵営をさまよい歩いて、ついにそのうちの一つで少しばかりの米を食べて、午後にはペッシェ博士を訪ねたのだが、彼はハンセン病棟で本当に不思議なほど僕らを親切に迎えてくれた。ハンセン病患者の病院で泊まれるようにとり計らい、夜には家での食事に招待してくれた。彼はとても快活なおしゃべり好きな人物だったのだ。僕らは夜遅く寝床に入った。

翌朝も遅い時間に目を覚まして朝食をとったが、昼食を出すようにという指示は受けていないと告げられたので、カヤオに行ってみることにした。この日は五月一日で交通手段がなかったので、十四キロも歩いていかなければならず、時間のかかる旅行になってしまった。カヤオは特に見るべきものがなかった。アルゼンチンの船すらなかったのだ。またも恥知らずにも、食べ物を少しばかり物乞いしに兵営に行って、それからリマへの帰路を開始したが、途中もう一度ペッシェ博士の家で食事をして、ハンセン病の分類に関する冒険話を聞かされた。

午前中には考古学・人類学博物館に行った。素晴らしかったが、時間がなくて全部をまわることはできなかった。

午後は、モリーナ博士の案内で、ハンセン病療養所をいろいろ見てまわることに時間をさいた。モリーナ博士は優秀なハンセン病研究家であるだけではなく、立派な胸郭外科医であるようだ。いつものようにペッシェ博士のところへ食事をしに行った。

土曜日の午前中は、スウェーデンのクローナ貨を両替しようとして中心街をうろついている間に過ぎてしまった。さんざん走り回ったあとで、結局は換えることができたのだが。午後は研究所の中をいろいろ見たが、うらやましいと思えるところはそんなになく、改善すべき点が多い。しかしそのかわりに、分かりやすさと整理方法と登録カードの多さが素晴らしかった、文献目録カード棚があった。もちろん夜はペッシェ博士の家に食事をしに行って、いつものように彼は快活なことこの上なくおしゃべりをした。

日曜日は僕らにとってすごい日になった。初めて闘牛を見る日で、ノビリャーダという、いわゆる二流の牛と闘牛士が行うものであったが、期待は大きく、僕なんかは午前中に図書館で読んだテーヨの本にほとんど集中できないほどだった。僕らは闘牛が行われているさなかに到着し、闘牛場に入ったときにはもう闘牛士は牛を殺しにかかっていたのだが、普通のデスカベーリョ（第一頸椎と第二頸椎の間の急所を剣で突き刺し即死させる技）と呼ばれるやり方とは違うやり方で殺していた。その結果、牛は防壁にもたれかかって十分間も苦しみ続け、その間も闘牛士はとどめをさせず、観衆は非難を浴びせていたのだ。三頭目の牛が闘牛士を角で派手に引っかけて空中に放り出したときは、少しはスリルもあったが、それだけだった。六頭目の牛が死んでお祭りは可もなく不可もなく終わった。僕にはこれが芸術とは思えない。度胸は、ある程度はあるだろう。技巧などほとんどなかった。感動は、まあまあ。結局のところ、全ては日曜日にどんな予定があるのかによると言えるだろう。

月曜の午前中はもう一度人類学博物館を訪ねて、夜にはいつものようにペッシェ博士の家に行ったのだが、そこでバレンサ博士という精神医学の教授に会った。彼も楽しいおしゃべり好きな人で、戦争の時の逸話やらなんやらをいくつも聞かせてくれた。「この間、街の映画館にカンティンフラス（メキシコの喜劇役者）の映画を観に行ったんだがね。みんな笑っていたんだが私にはなんにも理解できなくってねえ。だけどものすごく素晴らしい映画っていう訳じゃないんだから、他のみんなも分かっていなかったんだよ。じゃあ何でみんなは笑っていたんだろう？　本当は自分自身のことを笑っていたんじゃないのかなあ、あそこにいた人はみんなそれぞれ自分自身のどこかを笑っていたんだよ。私たちは若い国民だ、伝統も、文化もないし、ほとんど研究されてもいない。そして、おむつを付けた我らが文明がまだ直せていない悪い癖の全部を、みんなは笑っていたんだよ……。だがねえ、北米だって、超高層ビルや自動車や幸福やなんかがあるっていうけど、それだからといって私たちより進んだ時代にいるかなあ、もう若い国ではなくなっただろうかねえ？　いいや、違いは形式的なもので、本質的なものではないのさ、南北アメリカ大陸はその点で仲間なんだよ。カンティンフラスを観たら、汎アメリカ主義のことが分かったよ！」。

火曜日は博物館に関しては何も新しいことはなかったが、午後の三時には、ペッシェ博士と一緒にお呼ばれに行った。博士はアルベルトには白のスーツ、僕には同じ色のジャケットを貸してくれた。みんなが、ほとんど上流階級の人に見えるよ、と口を揃えた。その日は他に重要なことはなかった。

数日が過ぎていてもう僕らは今にも出発しようとしていたのだが、いつ出発するかははっきりとは決めていなかった。二日ぐらい前には出発しているはずだったのだが、僕らを乗せていってくれることになっていたトラックが全然出発しないのだ。いろんな意味で僕らの旅はかなりうまくいっていた。学問的な面で言えば、僕らは博物館や図書館を訪問していた。本当に価値があった唯一のものは、テーヨ博士が創った考古学博物館だった。専門的な学問の面では、つまりハンセン病に関しては、ペッシェ博士にしか知り合うことができなかった。その他の人はただの弟子たちで、何か重要性のあるものを生み出すようになるにはまだまだだった。ペルーには生化学者というものがいないので研究所は専門医で構成されている。アルベルトはこの弟子たちのうちの何人かと話をしてブエノスアイレスの人びとと連絡が取れるようにしてやった。二人の弟子とはとてもうまくいったのだが、三人目はちょっと……。アルベルトは自分のことを「ハンセン病専門のグラナード博士」とかなんとか名乗ったので、みんな彼のことを医者だと思ってしまって、この三番目の弟子が質問を受けてこんな言葉を投げつけたのだ。「いいえ、ここには生化学者なんていません。医者が薬局を開くのは法律で禁じられているんだから、同じように私たち医者も、薬剤師が自分たちの知らないことにまで首を突っ込んでくるのを、放ってはおきませんよ」。アルベルトは絶対すごく乱暴な返事をするぞと思ったので、腰の辺りをちょっとこづいてやると、思いとどまった。

単純なことかも知れないが、僕らを一番感動させたことのうちの一つは、患者たちとの別れだった。全員の間で一〇〇・五〇ソルを集め、それに美しい手紙を添えて僕らにくれたのだ。そのあとで何人かの患者が個人的に別れを言いに来て、僕らがほんのちょっとだけ彼らと共にした生活についてお礼を言いながら涙をうかべる人も少なからずいて、僕らは彼らの手を握り、贈り物を受け取って、彼らの間に座ってサッカーの試合を聞いた。いつか何かのきっかけで僕らがハンセン病に真剣に取り組むようなことになるとしたら、その何かとは、どこへいっても患者が示すあのやさしさであるに違いない。リマは副王領の都市として長い歴史があるのに、それらしいところを必ずしも持っていない。その代わりに、住宅街は随分と美しくて広く、新しい道路も広い。おもしろいのは、コロンビア大使館を取り囲んでいる警察の配置だった。私服・制服合わせて五十人を下らない数の警官が、一区画全部に警備を配している。

旅の第一日目は何も新しいことは起きず、ラ・オロヤまでは道をよく見ていったが、そこからは闇夜の中を進んで、夜が明けたときにはセロ・デ・パスコにいた。僕らはバセーラ兄弟、通称カンバラチェ（アルベルトの記述によれば、この兄弟はタンゴの「カンバラチェ」をいつも歌っているので、このようなあだ名がついていた）、略してカンバと一緒に旅をしていた。とてもいい人たちで、とりわけ兄さんの方が良い人だった。僕らは一日中走り続けて、もう一番暑いところにさしかかって下り始めると、海抜四八五三メートルの頂上にあるティクリオからずっと僕につきまとっていた頭痛が、全体的な体の不調もろとも、治まり始めた。ウアーヌコを通り過ぎ、ティンゴ・マリーアに近いところで、左の前輪の車軸の先端が折れてしまったのだが、何とも運のいいことに、タイヤは泥除けの中で止まって横転は免れた。その夜はそこに留まることになり、僕は注射したかったのだが、何とも運の悪いことに注射針が折れてしまった。

　翌日は退屈きわまりない上に喘息がでて、けれども夜には僕らにとってはとても良い逆転が起きた。アルベルトが郷愁を誘う声で、その日、五月二十日は、僕らが出発してからちょうど六カ月目になると言ったのだ。これを口実に彼らはピスコ（ペルーの港町ピスコ近くでブドウから作られる蒸留酒）をあおり始め、ボトル三本目でアルベルトはふらふらと立ち上がり、腕に抱いていた小猿をその場に残すと、そこから姿を消した。弟のカンバは、さらにボトル半分をのみ続けて、そのままそこでご満悦になってしまった。

　翌朝は、女主人が目を覚ます前に急いで出発しなければならなかった。僕らは代金を払っていなかったし、カンバ兄弟も車軸の先端を直すための出費で金欠になっていたからだ。僕らは一日中旅を続けたが、雨が降ると通行止めにするために軍隊が立てる防柵のところで行き詰まった。

　翌日また旅を続けたが、またも細い道で軍隊が通行止めにしていた。日が暮れて間もなく、隊列は去っていったが、今度は僕らの行き先であるネスクイージャ村で停止してしまった。

　翌日は、まだ通行止めが続いていたので、食べ物を調達するために軍隊の司令部まで行って、午後には、防柵が邪魔しても通れるように、新しくけが人を乗せて出発した。実際、ほんの数キロ行ったところで他の車はみんな止められていたのに、僕らの車は問題なくプカルパまで走り続けることができ、プカルパに着いたときはもう夜になっていた。弟のカンバが食事を一回分おごってくれて、その後で、お別れのしるしにワインを四本あけたのだが、弟のカンバはワインのせいでセンチになって、僕らに永遠の友情を誓った。その後では、泊まるホテルの代金まで払った（……）［本

プカルパのカンバラチェ兄弟の家族と共に。左から２人目がグラナード（撮影者：ゲバラ、1952年５月）

文に欠如」。

主な問題はイキトスに移動することで、従って僕らはその点に集中した。最初の攻撃対象は何とかコーエンとかいう市長で、ユダヤ人だがいい奴だと噂に聞いていた。どう見てもユダヤ人だったが、問題はいい奴かどうかということだった。実際のところ、中隊の隊員のところへ僕らをとばして追い払ったのだ。この隊員の方は隊長のところへ僕らをとばした。隊長はごく普通に僕らを迎え、最大限譲って、三等の運賃で一等で旅行できるように取り計らってくれると約束した。この結果に不満だった僕たちは、駐屯軍の司令官に会ったのだが、僕らのためにできることは何もないといわれた。その後で副司令官が、自分の愚かさを丸出しにして意地悪な尋問をした後で、僕らに協力してくれると約束した。

午後にはウカヤリ川に泳ぎにいった。ウカヤリ川はアルト・パラナー川に非常によく似ていた。そこで僕らは偶然副司令官に出くわして、彼はすごく重要なことを仕入れたと言ってきた。船長が、彼の顔ききで、僕らから三等の値段を取って一等で行かせてくれると譲歩したというのだ、すごいじゃないかまったく。

僕らが泳いでいた場所には、地元の人にブフェオと呼ばれている、かなり奇妙な姿の魚のつがいがいた。この魚は伝説によれば、男を食らったり、女に乱暴したりといった無法を、数限りなくはたらくと言われている。川に住むイルカみたいで、いろいろある奇妙な特徴の中でも特に、メスの生殖器が、インディオが女性生殖器の代用にするものに似ているという特徴がある。しかし、交尾の後では、メスの生殖器周辺が収縮してオスの性器が出なくなってしまうので、この生き物を殺さなければならない。夜になるといつものように、宿を提供してくれるよう頼むために、病院の同僚たちと交渉するという、面目のない仕事をしなければならなかった。もちろん、僕らは冷たく迎えられ、非情に追い払われそうになったのだが、僕らの無抵抗が効いて、疲れはてて粉みたいになった僕らの骨を休ませることのできるベッドを二つ手に入れた。

ウカヤリ川を下って

荷物を背負って、探検隊のような様相で、僕らは出港直前の小船にたどり着いた。同意したとおりに、船長は僕らを一等に乗せてくれて、すぐに僕らは特権階級の乗船客たちの全員と知り合いになった。合図の汽笛がいくつか鳴った後で、船は岸から離れ、サン・パブロへ向かう僕らの旅の第二段階が始まった。プカルパの家々が視界からなくなり、熱帯林の木の生い茂る眺めが断続的に見え始めると、人びとは欄干から離れ、ゲームをするためにテーブルを囲んだ。僕らはおそるおそるテーブルに加わったが、アルベルトに霊感がわき起こった時があって、七と二分の一にごく似通った二十一というゲームで九十ソル手に入れた。資金一ソルで始まった征服だったものだから、必然的にこの勝利は船上で賭をしていた人びと全員の反感を買った。

その旅の第一日目は乗客と親密な友好関係を結ぶ機会にあまり恵まれず、全体の会話に参加することなく少々のけ者になっていた。夜は川が引き潮になったので、船は航行しなかった。蚊はほとんどおらず、それは珍しいことだと言われたが、少しばかり困難な状況を脚色するために人びとが発するあらゆる度合いの誇張表現にはもう慣れっこになっていたので、僕らはその言葉をあまり信じなかった。

翌朝早く、僕らは錨を上げた。その日は何も新しいことが起きずに過ぎていった。ただ、僕らはかなり尻の軽そうな女の子と友達になったのだが、お金の話になるたびに僕らが素早く涙をこぼして見せたにもかかわらず、彼女の方は僕らが少しはお金を持っていると思っていたみたいだった。夕暮れ時になって、夜を過ごすために船が接岸すると、蚊が自分たちの存在が明白な事実であることを僕らに示した。ものすごい大群となって一晩中僕らを責めたてたのだ。アルベルトは顔をベールで覆って自分のカバンにくるまり、少しは寝ることができたのだが、僕は喘息の発作の前兆を感じ始め、喘息と蚊の両方して翌朝まで僕を眠らせてくれなかった。その夜のことは僕の記憶の中で薄れてしまったのだが、いまだにお尻の皮膚を触ると、あんまり蚊に刺されて象の皮みたいに厚くなってしまっているのが感じられる気がするのだ。

翌日は一日中、あちらこちらの隅の方で寝ころんで、貸してもらったハンモックの上でどうにか少しばかり眠りながら、うとうとと過ごしていた。喘息は治まりそうな気配が見えなかったので、購入するというあまりにも月並みな方法で、喘息抑制剤を手に入れるという思い切った決断をした。少しは良くなった。僕らは夢見るような目で、神秘的な緑色が刺激的な、密林の魅力的な岸辺を眺めていた。喘息と蚊が僕の翼の羽をむしり取ってしまっていたのだが、いずれにせよ原生林が僕らのような人間に与える魅力では、どんな身体的障害も自然から解き放たれた力も、僕にとっては無気力さに刺激を与える以上の効果を持たなかった。

日々はとてつもなく単調に過ぎていた。唯一のお馴染みの娯楽はカード・ゲームだったが、僕らの経済状態ではゲームを存分に楽しむこともままならなかった。こうして、何も新しいことが起きないまま、さらに二日が過ぎた。普通はこの旅は四日間で終わるのだが、川が引き潮になるので夜の間はどうしても止まらねばならず、遅れのためにこの旅での僕らは蚊の怒りを鎮めるための生け贄になってしまった。一等では食事がましで蚊もうんと少なかったとはいえ、その違いで僕らが得をしていたかどうかは疑問だ。僕らの性格には、あの狭い中流階級の人びとの性質よりも、素朴な水夫たちの性質の方がずっと合っていた。中流階級は、金持ちであろうとなかろうと、昔の記憶をあまりにも近くに持っていて、二人の貧しい旅行者を賞讃するというような贅沢が許されなかったのだ。彼らは他の人と同じぐらい愚かで無知なのに、その人生でおさめたちっぽけな勝利で頭に血が上ってしまっていて、彼らが発するつまらない意見が、彼らによって述べられたというだけで途方もない保証を受けるという有り様だ。完璧な食事療法を行っていたにもかかわらず、僕の喘息はひどくなっていった。

僕の体の具合に同情したあの若い娼婦が、味気ないやり方で僕を撫でると、それが、今まで眠っていた、冒険を始める前の生活の思い出のなかに、剣の一刺しのように突き刺さった。夜になると、蚊のせいで眠ることができず、もう遠い夢になってしまったチチーナのことを思った。とても心地よい夢だったし、こういう種類のことを考えるにはふさわしくないかもしれないが、その夢が終わったことは僕たちの性格に合っていたのだし、思い出の中には、苦渋というよりもとろけるような蜜の方が多く残ったのだ。彼女のことをよく知って理解している古い友人からのものとして受け取ってくれるようにと、僕は彼女に軽い穏やかなキスを送った。そして思い出はマラゲーニョへと向かう道をとり、彼女はその頃あそこの使い古された玄関のホールで、奇妙な作ったようなセリフを新しい恋人に発しているに違いなかった。僕の目が星の出た空に描いていた広大な丸天井は、僕の肺の中から出てくる問いかけに対して肯定の返事をするかのように、陽気に瞬いていた。「これは意義のあることなんだろうか？」。

さらに二日。何も変わらない。その土地で最も水量の多い川の源流となる、ウカヤリ川とマラニョン川の合流点は、何もさしておもしろいことがない。ただ単に、泥の多い二つの大量の水が合流して、もう少しばかり幅の広い、そしておそらくはもう少し深い一つの流れになるだけのことで、他にどうということはない。もうアドレナリン注射がなかったのに、僕の喘息はひどくなっていっていた。一握りの米を食べ、何杯かのマテ茶が飲めるだけだった。最後の日、もう目的地の近くまで来ていたときに激しい嵐が来て船を止めるしかなくなり、そこで、僕らがもうすぐ蚊の行動範囲から脱するものだからその埋め合わせをするかのように、本当に雲霞のような大群となって蚊が僕らに襲いかかった。平手打ちと、辛抱しきれなくなって出す叫び声、麻薬中毒のように行われるトランプのゲーム、それに、少しでも時間を過ごしやすくするための会話をどんなものでもいいから続けるためにこの災難に対して発せられる言葉などが、果てしなく飛び交い、朝が来ない夜のように思えた。朝には、到着の熱狂の中ハンモックが一つ空いていて、僕は横になった。魔法がかかったみたいに、僕の体の中でいっぱいに張っていたバネが緩んで、高みへと、あるいは深淵へと、どっちか分からないが僕を押し出す感じがした……。アルベルトに元気良く揺さぶられて、僕は目を覚ました。「ペラオ（アルベルトは当時、ゲバラを「ペラオ」el Pelao「フセル」Fúser などと呼んでいた。）、ついたぞ」。幅の広くなった川からは、僕らの目の前に、密林に囲まれ、地面の赤土の色に彩られた、少しばかり高い建物が幾つか建った低い街が見えていた。

イキトス

到着は日曜日だったが、僕らは早朝にすでにイキトスの防波堤に接岸していた。紹介してもらった相手のチャベス・パストール博士がイキトスにいなかったので、僕らはすぐに国際協力サービスの長官と話をしに行った。いずれにせよ親切に応対してくれ、黄熱病棟に泊めてもらって、病院の中で食事も出してもらった。僕はまだ喘息の発作が出ていて、根強い僕の不幸を解決する手だてにならないまま、ついに一日に四本ものアドレナリン注射を打つことになった。

翌日も喘息の症状にほとんど変化がなく、寝床に横になって、あるいは「アドレナリン漬け」になって、一日を過ごした。

その翌日には、午前中は完全な食事療法をし、夜にはご飯を削って少しだけこの療法を行なうと、すごく良くなったとは言えないが、少しは調子をとりもどした。夜には、イングリッド・バーグマン主演、ロッセリーニ監督の『ストロンボリー　神の土地』を観た。愚作という以外の批評を加えることはできない。

水曜日は、翌日には出発できるだろうと言い渡されて、僕らにとってちょっと違った日となった。

僕が喘息のために身動きできないため、二人とも寝床に横になったまま日々を過ごしていたので、これは大変嬉しい知らせだった。

翌日は早朝から、ここから出ていく心の準備を始めていた。それなのに、一日経ってもまだ僕たちは相変わらずそこにいて、出発はその次の日の午後になったという知らせをもらった。

僕らのパトロンは怠け者だから、出発が遅れることはあっても早まることはないだろうと信じこんで、安心して眠り、街を一巡りした後で図書館に行ったのだが、そこへ副官が大焦りで僕らを探しに来た。シスネ号は午前十一時半に出発することになっていて、その時は十一時五分だったからだ。僕らは急いで全部のものを片づけて、僕の喘息がまだひどすぎたので車を拾ったのだが、イキトスの街を八ブロック走っただけで半リーブラも取られた。船に着くと、船は三時まで出航しないのだが、絶対に一時までに乗船していないといけなかった。指示に背いてまで病院へ食事をしに行く気にもなれなかったし、一方では、せっかく貸してもらった注射器を失いかねないので、そんなことはしない方が良かった。一人のインディオと一緒に高くてまずい食事をしたのだが、この人は赤みがかった色の麦わらで編んだスカートをはき、同じ麦わらで作った首飾りという奇妙ないでたちだった。彼はヤグアの出身で名前をベンハミンといったが、スペイン語はほとんど話せなかった。左の肩胛骨に至近距離から撃たれた弾痕があり、彼の言葉を借りれば、動く復讐として持って歩いているということだった。夜は蚊がいっぱい出て、ほとんど手が付けられていない僕たちの肉を蚊が取り合いした。マナオス（ブラジル北西部、アマゾン川とその支流ネグロ川の合流点にある河港都市。）から川伝いにベネズエラまで行けると分かって、この旅の心理的な方向に重要な変化が起きた。

一日は穏やかに過ぎて、その日は蚊のせいで寝不足なのを取り戻そうとできるだけうとうとと過ごした。夜の一時頃に、うとうとしかけた時に起こされて、サン・パブロに着いたと知らされた。すぐに、ブレシアーニ医師という居留区の主任医師に知らせが行って、僕らに親切に応対して、夜を過ごすために一部屋貸してくれた。

サン・パブロ・ハンセン病療養所(一)

翌日の日曜日には、起きて居留区を散策してまわる準備ができていたのだが、居留区に行くには川を渡らなくてはならないのにその日は安息日だったので、行くことができなかった。男みたいな容貌の主任修道女、マドレ・ソール・アルベルトを訪ねてから、サッカーの試合に行ったのだが、二人ともろくなプレーができなかった。僕の喘息は治まり始めていた。

月曜日は、洗濯してもらうために何枚かの服を渡して、午前中に施設に行って見学を始めた。六百人の患者がそれぞれ熱帯林に典型的な小さな家に独立して住んでいて、やりたいことをやり、自由な職業を持ち、独自のリズムと特徴が自然にできあがった組織の中で生きている。代議員もいれば、判事や警察官なんかもいる。ブレシアーニ医師に対して皆が抱いている尊敬の念はかなりのものので、彼がこの居留区の調整役であるらしく、諍いをもつもの同士の間のバリケードとなり仲裁役となっていた。

火曜日に再び居留区を訪れた。ブレシアーニ医師が患者の神経系の検査をするのにつきあった。彼は四百症例をもとにした、神経系に出るハンセン病について、きめの細かい研究を準備していた。この一帯のハンセン病の症状として、神経系統の発作が多いので、本当にとても興味深い研究になりうるだろう。僕も、この種の変調を来していない患者を一人も見ていないくらいだ。ブレシアーニ先生が言ったことによると、ソウサ・リマ医師が、この居留区の子供たちが早くから神経症状を呈することに興味を持ったのだそうだ。

施設の中の、七十人ほどの健康な人々が住んでいる区域を訪問した。ようやく今年中には設置されるだろうというが、終日の電灯や、冷蔵庫、結局のところ実験室自体まで、基本的な設備が備わっていない。良い顕微鏡やミクロトーム、実験室の管理者などが必要だ。管理者は現在マドレ・マルガリータが務めているが、彼女はとても親切ではあるが知識が豊富なわけではなく、緊張を緩めたり、目をつむらせたりする様な外科医が必要だろう。奇妙なことには、神経組織に巨大な負担がかかっているにもかかわらず、盲人はほとんどおらず、これがおそらく（……〔本文に欠如〕）がこれと何らかの関係があるということを示すのに貢献するだろう。ここでは大部分の人がまだ一度も治療を受けていないからだ。

水曜日もまた訪問して、主に魚を釣ったり泳いだりしながら一日を過ごした。夜にはブレシアーニ医師とチェスの勝負をしたりおしゃべりしたりした。歯医者のアルファロ先生はとても気さくで親切な素晴らしい人だった。

木曜日は居留区が休日だったので、施設への訪問は中止した。午後はサッカーの試合に出たが、僕はゴールほど役立たずではないという程度だった。午前中は釣りをしたが全然釣れなかった。

金曜日は僕はもう一度施設へ行ったが、アルベルトは桿菌の顕微鏡調査をするために、がさつな修道女のマドレ・マルガリータと一緒に残った。僕はモタと呼ばれるスンビの一種を二匹釣り上げて、そのうちの一匹をモントヤ博士にプレゼントした。

聖ゲバラの日

一九五二年六月十四日、土曜日、貧乏な僕は、二十四歳になった。とても重要な四半世紀、結局のところ僕に対してそんなにひどくはなかったこの人生との銀婚式の前夜《イブ》だ。朝早く、運良くまた魚が釣れないものかと川へ行ったが、このスポーツはゲームのようなもので、始めのうち勝っている方が負けていくのだ。午後はサッカーを一試合したが、僕はいつもどおりゴールキーパーをして、これまでの試合より良い結果に終わった。おいしい食べ物をたくさん用意して招待してくれたブレシアーニ博士の家で夜を過ごした後、食堂では国産酒のピスコで僕らを歓迎してくれた。アルベルトはこのお酒に関しては中枢神経系への影響をはっきりと経験している。みんながすでにほろ酔い加減になったころ、居留区の管理者はとても気さくなやり方で僕らのために乾杯してくれ、ピスコが入った僕は大体次のようなことを言った。

「えー、ブレシアーニ先生が私にして下さった乾杯に対し、私はどうしてもありきたりの態度以上の何かで、謝意を示さねばなりません。私たちは困窮した状態で旅をしているので、その中で、親愛の情を表現する方法としては、言葉しかありません。そこで、言葉を使って、私たちとほとんど知り合いでないにもかかわらず、まるで皆さんのうちのどなたかのための内々のパーティーであるかのように、快く私たちの誕生日を祝って下さって、このような素晴らしい親愛の情の表明をして下さった居留区の職員の皆さんに対する、私と私の旅の連れの感謝の気持ちを、表現したいと思います。けれども、ほかにもまだあります。数日のうちに、私たちはペルーの土地を後にするので、今申し上げる言葉は、お別れの言葉でもありまして、私たちがタクナから入国して以来、絶えず私たちのことを温かいもてなしで満たしてくれたこの国の全ての人びとに対し、このお別れの言葉の中で、精いっぱい私たちの感謝の気持ちを表したいと思います。この乾杯の主題から少し離れて、もう少し皆さんに申し上げておきたいことがあります。私たちはたいした人間ではないので、あなた方の主張の代弁者となることはできませんが、はっきりしない見せかけだけの国籍によってアメリカ（ラテンアメリカ諸国のこと）が分けられているのは、全くうわべだけのことだと、この旅の後では前よりももっとはっきりと、考えています。私たちは、メキシコからマゼラン海峡にかけて顕著な民族誌学的類似性を示す、一つの混血民族を形成しているのです。ですから、心貧しい地方主義の重荷など全て打ち棄てて、ペルーと、統一されたアメリカのために、乾杯します」。

僕の演説に、大きな拍手がわき起こった。この地方ではパーティーとはできる限りたくさんのアルコールを飲むことなのだが、僕らが降参した朝の三時まで続いた。

サン・パブロ・ハンセン病療養所㈡

日曜日の午前中はカラフルな麦わらを身につけたインディオ、ヤグアの一族を訪ねた。熱帯林は薄暗いという評判を覆す小道を三十分も歩くと、ある家族の家群にたどり着いた。おもしろかったのは、椰子の葉でぴっちりと密閉した板の下に住む彼らの生活の仕方で、こうして夜に密集隊形で攻撃をかけてくる蚊を防いでいるのだ。女たちは伝統的な衣装を着るのをやめて、「着飾った服装には付き物の」古典的な食器を楽しむこともできないような、ありきたりの服を着ていた。子供たちは太鼓腹でややや せ気味だったが、老人たちにはビタミン欠乏症の兆候は全くなく、山の住人より少しばかりは文明化している人びとに見られることとは対照的だった。基本的な食事はキャッサバとバナナと椰子の実に、狩猟で採る動物を取り混ぜたものである。彼らの歯の嚙み合わせは完璧だ。独特の方言を話すが、スペイン語を理解できる人もいる。午後はサッカーの試合をして、僕の

先住民族、ヤグア人のひとりを囲んで、グラナード（左）とブレシアーニ博士（右）（撮影者：ゲバラ、1952年6月）

プレーも少しはましになったが、胸のむかつくようなゴールを決められてしまった。夜、アルベルトが、めちゃくちゃ胃が痛いといって僕を起こし、その痛みは後で腸に移った。僕はあんまりにも眠くて他人の病気のことを心配できるような状態ではなかったので、我慢しろよと言って、翌日まで眠りこけた。

月曜日は施設で薬が配給される日である。アルベルトは愛するマドレ・マルガリータにたっぷりと世話を焼かれて、実に几帳面に三時間おきにペニシリンを打ってもらっていた。ブレシアーニ博士が僕に、動物を乗せたいかだがもうすぐやってくることになっているけど、自分たち用の小さいいかだを作るためにそのいかだから木材をとってもいいよ、と言ってくれた。そのアイデアにすっかり夢中になった僕たちは、すぐにマナオスやその他の場所へ行く計画を立てた。僕は足に化膿があったので、午後の試合に出るのはあきらめた。僕らはブレシアーニ博士と、僕らでも理解できる程度のあらゆる話題でおしゃべりをして過ごし、随分夜遅くに寝床に入った。

火曜日の午前中は、アルベルトの具合が良くなったので、施設へ行った。施設ではモントヤ博士がハンセン病による神経炎にかかった前腕の手術を執刀して、見たところ素晴らしい成果を上げたらしかったが、技術の面ではまだまだだというところだった。午後には沼の真ん前で釣りをしたが、当然のことながら何も釣れなかった。しかし帰り道では僕がアマゾン川を渡り始めて、二時間ぐらいもかかってやっと渡ったのだが、モントヤ博士はそんなにも待たされるのはいやだったので、とてもいらいらさせてしまった。夜に開かれた内輪のパーティーでは、レサマ・ベルトラン氏と本気の喧嘩になってしまった。この人は子どもっぽくて内向型である上に、おそらくは性的倒錯者のようだ。このかわいそうな男は酔っぱらっていてしかもパーティーに呼んでもらえなかったことで腹を立てていて、侮辱的な言葉を吐いたり大声で怒鳴ったりし始め、最後には片目を腫れ上がれさせられたばかりか、おまけの一発まで食らったのだ。僕らにとってはこれは何となく胸の痛む出来事だった。というのは、この気の毒な人は性的に倒錯していて第一級の厄介者であっただけではなく、僕らには親切で一人一人に十ソルずつくれたからだ。その結果僕らの勝負は、僕が四七九、アルベルトが一六三・五〇ということになった。

水曜日は朝から雨だったので、施設には行かず、その日一日は全体に無為に過ぎた。僕は何かガルシア・ロルカのものを読んで過ごし、その後、夜になってから岸に近づいてきたいかだを見に行った。

木曜日は施設の病院地区が休業日なので、午前中はモントヤ博士と一緒に対岸に食べ物を調達しに行った。僕らはアマゾン川の支流をめぐって、パパイヤやキャッサバ、トウモロコシ、魚、サトウキビなどをものすごく安い値段で買い、少し釣りもした。モントヤさんは普通の魚を一匹釣り、僕はモタを一匹釣った。帰り道では強い風が吹いていて川が波立っていたので、波でカヌーの中に水がたくさん入ってくるのを見ると、カヌーを操っていたロヘール・アルバレスはひどく怖じ気づいてしまった。僕が舵を取ってやると言ったのだが、彼は嫌がって、波が静まるまで待とうと岸へ船を寄せた。午後三時にやっと居留区に帰り着き、魚を調理してもらったが、空腹は半分しか満たされなかった。ロヘールは僕ら一人一人にTシャツをくれて、僕にはズボンもくれたので、僕の精神面での財産が増えた。いかだはもうほとんど出来上がっていて、後は櫂を残すのみだった。夜になると、居留区の患者たちの委員会が、歓迎のセレナータを奏でに僕らのところにやってきて、一人の盲人が土着の音楽をたっぷりと歌ってくれた。楽団は、フルート奏者たち、ギターひきが一人、ほとんど指がないバンドネオン奏者が一人、それに健常者の中からサキソフォンとギターとソプラノ笛がそれぞれ一人ずつ助けていた。その後で語りの部分になって、四人の患者が順番に、できる限りの語りをつっかえつっかえやっとのことでしてくれた。そのうちの一人は続けることができなくなって、「先生たちのために万歳三唱」で終わってしまったので、うなだれていた。その後でアルベルトが、ペルーの美しい自然を目の前にして、その時ほどの気持ちの美しさと比べられるものはない、あんまり心の奥深くに滲み入ったので言葉にならない、それから腕を大きく広げて、ペロンみたいな語調で、「ただただ、あなた方みんなに、ありがとうを言うことしかできません」と、大げさな言葉で歓迎に対するお礼を言った。

患者が綱を解くと、船に乗った彼らはワルツのリズムに乗って岸から離れていき、カンテラのかすかな光が人影を幻想的に見せていた。その後、僕らはブレシアーニ博士の家にちょっと飲みに行って、しばらくおしゃべりした後で、寝に帰った。

金曜日は僕らの出発の日だったので、午前中はお別れを言うために患者たちを訪問し、何枚か写真を撮ってから、モントヤ博士がくれた立派なパイナップルを二つ持って戻った。それからシャワーを浴びて食事に行った。午後の三時近くにお別れが始まって、三時半には、「マンボ・タンゴ」という名前を付けたいかだが（当時、マンボが大流行していた。タンゴは、もちろん、アルゼンチン出身のゲバラたちに因んで名づけられた。）、乗組員である僕ら二人と、しばらくの間はブレシアーニ博士とアルファロといかだを作ったチャベスを乗せて出発した。彼らに川の真ん中まで連れていってもらって、そこからは僕らの好きなように行くことになった。

コンチキータ号現る

二匹か三匹の蚊では僕の眠りたい欲求に対抗することはできそうになく、間もなく蚊に打ち勝っ

「マンボ・タンゴ」号に乗ってアマゾン川をゆくグラナード（左）とゲバラ（右）（1952年6月）

たが、僕の勝利もアルベルトの毅然とした行動の前には無力だった。アルベルトの声が、気持ちよくぼんやりさまよっていた僕を引っぱり戻した。外見の特徴からいってレティシア（コロンビアの最南端で、ブラジルとペルーとの国境の、アマゾン河岸にある町。）に違いなかったが、小さな村のぼんやりした明かりが川の左の岸の上にのぞいていた。すぐに夢中でいかだを明かりの方に寄せる作業を始めたが、ここでさんざんな目にあった。このウドの大木は、岸に寄ることを頑固に拒絶して、流れの真ん中を進み続けようと頑張っていた。僕らは全力で漕いでいたが、順調に進んでいるかと思えば、一回転して、また川の真ん中の方に向いてしまうのだった。だんだん大きくなる失望とともに、僕らは待ち望んだ明かりがどんどん遠ざかっていくのを見ていたが、同時に、息を切らしながら、少なくとも蚊との戦いには勝って明け方までゆっくりと寝てやる、そうして朝になったらどうするべきか決めよう、と決心したのだった。まあまあ確かな情報によれば、川を下り続けていくなら、十日ほど航行しなければ着けないほど離れているマナオスまで下って行かなくてはならないし、しかも昨日の事故の後では釣り針が足りなくなってしまったし、食料もあまりたくさんないし、岸に寄りたいときに寄ることができるかどうか本当に分からなかったので、僕らの状況はあんまり期待の持てるものとは言えなかった。しかるべき書類も無しに、言葉も分からぬまま、ブラジルに入るなどということは云わずもがなである。しかしこんな考え事は全部、あまり長いこと僕らの心を占めることはなかった。すぐに死んだように眠りこけてしまったからだ。太陽が昇る頃に僕は目を覚まし、蚊帳から出て今どの辺にいるのか見てみた。この世のあらゆる悪意でもって、コンチキータ号は右岸に人間を降ろしに行き、そこで、どこかこの近くの家のものらしい小さな桟橋のようなものにゆったりと留まっていた。まだ蚊が食事時間だと思っているようで思いきり刺していたので、僕はもう少し後に視察をすることにした。アルベルトはぐっすり眠っていたので僕も真似することにした。将来のことなどあれこれ思い悩むのを拒絶する病的なものぐささと一種の疑り深い眠気が僕を支配してしまった。僕は決定などできそうにない気分で、どんな悪いことが待っていたとしても、耐えきれないほどのことになると考える理由などどこにもない、と計算するに留めておいた。

コロンビアからの手紙

「一九五二年七月六日、ボゴタ

お母さん

僕はここで、前よりさらに何キロメートルか遠く離れて、もう少しばかりやせて、ベネズエラの方へ旅を続ける準備をしています。何よりもまず、いつものように楽しい誕生日を、とお母さんに言わなくては。今年も親しい人に囲まれて過ごされたことでしょうね。それから、順々に、イキトスを出発してからの僕の大冒険について、手短にお話ししますね。だいたい僕が言ったとおりの状況で出発して、親切な蚊に付き添われて二晩歩いて、夜明け時にサン・パブロのハンセン病療養所に着いて、そこに泊めてもらいました。院長先生は立派な人でしたが、すぐに僕らと意気投合して、僕らは居留区のだいたいみんなとうまくいきました。どうしてミサに行かないのかと質問してきた修道女たちだけは駄目でした。病院を運営しているのはそういう修道女たちで、ミサに行かないものには食事をできる限り削るのです。（僕らは……［本文に欠如］なしで済ましましたが、そこの青年たちが助けてくれて、毎日なにがしかは調達してきてくれました。）この小さな冷戦以外では、生活は極めて愉快に過ぎていきました。十四日には僕のために、ピスコというものすごくまわりやすいジンの一種をたくさんふるまって、パーティーをしてくれました。院長先生が僕たちのために乾杯してくれたので、お酒で調子づいていた僕は、とても汎アメリカ的な演説で応えましたが、その場にいた、ちょっぴりピスコの入った優秀な聴衆から、大きな拍手がおこりました。予定より少し後れましたが、ついにコロンビアに向けて出発しました。出発の前夜には患者の一グループが療養地区から僕らのいるところまで大きなカヌーに乗ってやってきました。それが実用的な道なのです。そして埠頭の上から僕らに別れのセレナータを奏で、とても感動的な語りを幾つかしてくれました。アルベルトはもうペロンの後継者みたいに大げさな表現をするようになっていて、とても効果のある扇動的な演説をやったので、祝宴を開いてくれた人びとを震撼させました。実際、これは今までに僕らが見た光景の中でも特に興味深いものの一つでした。アコーデオン奏者の一人は右手の指がなく、手首に縛り付けた棒切れで代用していました。歌い手は盲人で、ほとんど皆、この辺りではよく見られる、病気による神経系統の症状のせいで怪物のような姿をしていました。それにさらに街灯とカンテラの明かりが加わって、ホラー映画の光景みたいでした。そこは非常に美しい場所で、半レグアも歩けば原住民族が住んでいる密林にまわりをすっかり取り囲まれていて、もちろん僕らも密林に行きましたが、どこでも食用にするための釣りや狩りがいくらでもできて、推量もできないくらいの埋蔵された富があり、そのせいで僕らは、パラグアイ川から出発してマト・グロッソ川のメセタ台地を水路で横切り、医者やその他の仕事をして働きながらアマゾン川まで行ってみたい、というとても素敵な夢を持つようになりました。自分自身の家で見るような夢で……［本文に欠如］たぶん……［本文に欠如］実は僕らはもう少しだけ開拓者のような気分になっていて、僕らのために特別に豪華に作ってもらったいかだに乗って川を下り始めたのです。第一日目はとても良かったんですが、夜に、見張りをする代わりに僕らは二人とももらった蚊帳に守られて気持ちよく眠ってしまって、起きてみると岸に乗り上げていました。

　僕らはまるでサメみたいに食べました。第二日目も楽しく過ぎましたが、夕方になると川の流れが僕らを岸の方へ寄せてしまうし、沈んでしまった丸太のせいでいかだがばらばらになりそうだったので、有事に備えて一人一時間ずつ見張りをすることにしました。僕の見張りの番の時に、食べるために持ってきた鶏が水に落ちて流されてしまって、僕の一失点になりました。前にサン・パブロで川を渡ったことがあったこの僕が、ものすごく怖じ気付いてしまって鶏を探しに行けなかったんです。その理由の半分は、ときどき姿が見えるワニのせいで、残りの半分は、夜の水がいつもどうしても恐かったからなんです。きっとお母さんがそこにいたなら水から拾い上げたでしょうし、アナ・マリーア（ゲバラの妹）でも同じことをするでしょう、だって、二人は僕みたいに夜恐怖症ではないんだから。釣り針の一つに巨大な魚がかかっていて、引き上げるのに随分力がいりました。僕らは朝まで見張りを続け、カラパナスがちょっとばかりたくさんいたので、朝には二人とも蚊帳に入るために岸に寄りました。ぐっすりと眠った後、アルベルトは魚より鶏が好きなくせに、夜の間に釣り針が二つとも消えてしまったことに気が付くと、余計腹を立ててしまい、近くに一軒家があったので、レティシアまであとどれくらいあるのか確かめに行くことにしました。その家の主人が正真正銘のポルトガル語で、レティシアは七時間川上に行ったところにあって、ここはブラジルだよと答えたとき、僕らは、見張りの間に居眠りをした方のせいだということをお互いに論証するために、苦々しい口論をやり合ってしまいました。いい考えがひらめきました。魚と、患者たちにもらった四キログらいもありそうなパイナップルをあげて、その代わりにその家に泊めてもらい、次の日に川上へ連れていってもらうのを待つことにしたのです。戻りの道のりもまた大変感動的でしたが、きっちり七時間は漕がねばならなかったので、そんなに長時間漕ぐのには慣れていない僕たちは、ちょっと疲れてしまいました。レティシアでは初めのうちは親切にしてもらえて、警察で家と食事その他のもの付きで泊めてもらえましたが、飛行機代に関しては五十％の割引しかしてもらえなかったので、百三十コロンビアペソとその上に荷物超過料金分の十五ペソ、アルゼンチンペソでいえば合計千五百ペソを支払う羽目になりました。その状況をなんとか切り抜けることができたのは、十五日おきにしか出ない飛行機を待っている間、あるサッカーチームが僕らをコーチとして雇ってくれたからなのです。初めのうちは、笑いものにならないようにコーチしようと思っていたのですが、みんなあんまりにも下手くそだったので、僕たちも中に入って試合をすることに決めました。その結果、一番弱小だと考えられていたそのチームが、企画されていた選手権に一瞬にしてエントリーして、決勝まで進んだのですが、ＰＫ戦で負けてしまいました。アルベルトはある程度ペデルネラに似ている外見と精密なパスのせいで小ペデルネラというあだ名を付けられて、ほんとそんな感じですよね、一方の僕の方は、ペナルティーキックを見事止めてレティシアの歴史に残るプレーをしました。最初から最後まで愉快なイベントになるはずだったのが、最後にコロンビア国歌を演奏し出して、僕は演奏中に膝についた血をちょっとふき取ろうとうつむいたんですが、そうすると監督（大佐でした）がものすごく乱暴な反応に出て、言葉で攻撃してきました。僕は言い返してやりたかったのですが、旅行のことやらその他諸々のことを思い出して、頭を垂れました。カクテルのシェーカーのように揺れる飛行機に乗っての快適な旅の後、ボゴタに着きました。飛行中アルベルトは乗客全員に、パリで開かれたハンセン病学会に行ったときの大西洋横断がどんなにひどいものであったか、四機のエンジンのうち三機が壊れてしまったときは、僕らは危うく大西洋に落っこちるところだった、などと話して聞かせ、最後は「本当にダグラス機というやつは……」と締めくくりました。その話にあんまり説得力があったので、僕は自分のしている旅行が本当に恐くなってしまいました。

僕たちは世界二周目をだいたい終えようとしているところです。ボゴタでの第一日目はごく普通に過ぎ、大学都市で食べ物は手に入れたのですが、ここは国連が開講する一連の講座を受講するために奨学金をもらっている学生で一杯で、泊まる場所は見つかりませんでした。もちろん、アルゼンチン人は一人もいません。午前一時にようやくある病院で宿泊場所を提供して貰えたのですが、宿泊場所といってもソファ一つで、僕らはそこで夜を過ごしました。別に僕らはそこまで貧乏だったわけではないんですが、僕たちぐらい優れたラリー走者は、安ホテルでブルジョア的な快適さを求めてお金を払うくらいなら死んだ方がましなのです。最初の日は僕らのことを注意深く詮索していたハンセン病担当医も、自分から僕らを雇ってくれました。それは、僕らがペルーから持ってきていた紹介状のおかげでした。紹介状は僕らをべた褒めしていましたが、それにサインしたのはルステュと同じ役職に就いているペッシェ博士です。アルベルトはいろいろな方面に当たってみてやっと雇ってくれそうかなあという雰囲気になってきていたのですが、僕は過剰反応で彼らに攻勢をかけて彼らを啞然とさせてしまいました。その結果、僕ら二人に契約の申し出がありました。僕には全然その申し出を受ける気がない一方で、アルベルトは当然の事ながら申し出を受け入れようと考えていたその時、地面に落書きをしようと僕が道ばたでロベルト（ゲバラの弟）の小型ナイフを取り出したせいで警官ともめ事になり、警官に侮辱的な扱いをされて、僕らは一刻も早くベネズエラに出国しようと心に決めたので、この手紙をみんなが受け取る頃には、僕はもうコロンビアを出るところでしょう。賭をしてみる気があれば、コロンビアのサンタンデール・デル・ノルテのククタ県か、もしくは大急ぎでボゴタに、手紙を書いてみて下さい。明日は「億万長者《ミジョナリオス》（アルゼンチンのサッカー・チームRiver Plateの異名、壮麗なスタジアムを一等地に持つことから付けられた）」と「レアル・マドリッド（スペインのサッカー・チーム）」の試合を、一番安いスタンド席からですが、見に行きます。同郷人に会うのは大臣に会うより難しいので。この国は、僕たちがこれまでまわってきた全ての国の中で、個人の権利が最も抑圧されている国です。警察はライフル銃を肩に担いで街路をパトロールしてまわり、いちいちパスポートの提示を要求してきますが、それを逆さまに読む警官が絶えなかったり、とにかく緊迫した情勢で、もうまもなく動乱が勃発するだろうという感じがしています。平野部は動乱のまっただ中で、軍隊はその鎮圧に重要な役割を果たしています。保守派は内部分裂していて合意が得られず、一九四八年四月九日の思い出（労農層に支持された自由党首ガイタンが暗殺され、これに憤激した自由党支持の大衆暴動が起こった。ボゴタソと呼ばれるこの暴動を契機に以後十数年におよぶビオレンシア（暴力）の時代が始まった。）が全ての人びとに鉛のように重くのしかかっています。つまり、息詰まるような空気が流れていて、コロンビア人がそこで我慢しているというなら、僕らは一刻も早くここから逃げだします。アルベルトは、カラカスで仕事を手に入れる可能性がかなり高いようです。誰かがほんの短い手紙でいいのでみんながどうしているかを書いてくれるのを待っています。お母さんたちも何から何までベアトリス経由で知る必要がなくなるでしょう（彼女には返事を書きません、というのは、僕らは一都市に付き手紙一通と決めているからです、だから、アルフレディート・ガベロ宛のはがきを同封しておきます。あなたの息子からの抱擁をお受け取り下さい、それから、ものすごくお母さんにお会いしたいです。お父さんに、元気を出してベネズエラにおいでと言って下さい、生活にはコロンビアよりももっとお金がかかりますが給料がずっといいので、お父さんみたいな倹約家（！）にはもってこいの国なんです。ところで、ここでしばらくの間生活してみてそれでもまだアメリカ合州国《ティオ・サム》のことが大好きなら……、でも脱線するのはやめましょう、お父さんはとっても頭がいいからね（ちょっぴり嫌みを込めて）。チャオ。」

カラカスへ

例によって意味のない質問をし、パスポートをいじくりまわしてくしゃくしゃにし、警察につきものの疑り深い探るような目つきでじろじろ見てから、警官が七月十四日という出国日の入った巨大なはんこを押し、二つの国を結びそして分けている橋を僕らは徒歩で歩き始めた。あるベネズエラ人兵士は、コロンビアの同業者と同じ不快な横柄な態度で――どうやら軍人という人種全員に共通の特徴のようだ――、僕たちの荷物を検査して、まるで僕らが話しているのは「権威」とであることを示すためであるかのように、彼独自の尋問をするのが適当だと思いこんでいた。サン・アントニオ・デ・タチラの税関では随分と足止めを食らったが、それもただ行政手続きをするためだけだったのだ。そして僕らはサン・クリストーバルまで乗せていってくれるトラックに乗って旅を続けた。道の途中に税関があって、僕らの荷物全部と素性を入念に調べられる羽目になった。たくさんのもめ事の原因になったあのナイフが、またもや長ったらしい議論の的になってしまったのだが、僕らは警察署長のような高い文化的水準を備えた人びととの論争で培ってあった巧妙さでそれを切り抜けた。僕の革ジャンのポケットに入れてあったリボルバーは助かった。リボルバーを入れてあった包みがあんまり垢だらけだったので、税関の職員もあきれ果ててしまったのだ。さんざん苦労して取り返したナイフは、新たな心配の種になった。似たような税関がカラカスに着くまでの道中ずっと何回もあって、僕らが言うような重要な理由を分かってくれる脳みそのある人がいつもいるかどうかは何も保証がなかったからだ。二つの国境沿いの村を結んでいる道路は完璧に舗装されており、特にベネズエラ側はそうで、コルドバの山脈地帯を彷彿とさせるものだった。全体に、この国は、コロンビアより豊かなように見えた。

サン・クリストーバルに到着すると、運送会社の経営者たちと、できるだけ安い方法で旅をしたいと言う僕たちとの間で、言い争いが始まった。この旅で初めて、トラックで二日間で旅をした方がバスで三日かけるよりいいのだという向こうの言い分が勝った。僕らは自分たちの将来の問題を解決し僕の喘息に適切な処置をする必要に迫られていたので、カラカスに免じて犠牲を払うつもりで、二十ボリーバル余分にはたくことにした。僕らは近郊を訪ねたり、そこにあったかなり立派な図書館でこの国について少々読書したりしながら、夜まで時間をつぶした。

アスファルトの道路を背後に残し、夜の十一時に北に向かって出発した。三人でもぎゅうぎゅう詰めになりそうな席に四人も乗せられたので、眠ることなど夢にもかなわなかった。しかもその上、タイヤがパンクして一時間むだにして、喘息も僕を煩わし続けていた。徐々に頂上へと登っていき、植生はますます奇妙になっていったが、谷間にはコロンビアで見るのと同じような種類のものが育っているのが見えた。整備の悪い道路のせいで、何回も何回もパンクした。旅の二日目には幾つかのことが起きた。警察が検問を置いていてトラックを丹念に調べていたので、一人の乗客の女性が持っていたような推薦状を持っていなかった僕らは一苦労することになりそうだったが、運転手が荷物は全部彼女のものだと言ってくれたので、問題は解決された。既に食べ物の値段がもっと高くなっていて、一人あたま一ボリーバルから三・五ボリーバルにつり上がっていた。僕たちはできるだけ節約することにしていたので、プンタ・デル・アギラで休憩をとったときは絶食しなければならなくなったが、僕たちの窮乏状態に同情した運転手が自分の払いで立派な食事をおごってくれた。プンタ・デル・アギラはベネズエラのアンデス山脈の中で一番高いところで、海抜四一〇八メートルになる。僕は残っていたテドラルの最後の二錠を飲んで、その夜は随分良く眠ることができた。二日間休みなく運転し続けてきたので、明け方になると運転手が睡眠をとるために停車した。夜にはカラカスに到着できると思っていたのだが、またもやパンクのせいで後れてしまって、その上電機子が壊れてしまってバッテリーが充電できなくなったので、車を停めてなおさなければならなくなった。気候はもう熱帯性のものになり始め、そこらじゅう攻撃的な蚊とバナナだらけだった。最後の区間は僕はひどい喘息の発作に襲われつつ眠りながら過ごしたのだが、完璧に舗装されていてとてもきれいな道路のようだった（その時は夜だった）。旅の最後にさしかかったときは夜が明けかかっていた。ダウンしてしまった僕は、〇・五〇ボリーバルで借りたベッドに身を投げ出し、アルベルトが打ってくれたアドレナリン注射のお陰で、死んだようにぐっすりと眠った。

奇妙な、この二〇世紀

喘息の発作の一番ひどいのは過ぎて、僕はほとんど元気になった気分だったが、ときどきは新しく手に入れたフランス製の吸入器の世話になっていた。アルベルトの不在を異常なほど感じた。どんな仮想の攻撃をも前に、僕の側面翼の部隊が撤退してしまったかのような感じだった。僕はたびたび頭を回してみて何でもいいからアルベルトのことを見てやろうと視線を這わせるのだが、そうしてみてようやく彼がいないことに気がつくのだ。

そう、実際のところ文句を言うことなどほとんどない。ゆきとどいた世話を受け、おいしいたくさんの食べ物にありつき、そして、もう一度勉強を再開し、資格の貰える学位を一気に取得するために、じきに帰国するのだという期待。それなのに、彼と完全に別れてしまうのだと考えると、両手をあげて喜ぶことはできなかった。何しろ、何カ月もの間、良きにつけ悪きにつけ僕たちは一緒に進んできたんだし、同じような状況の下で共通のことを夢見ることに慣れてしまって、僕たちは前よりももっと結束が固くなってしまったのだ。

僕たちの問題のことがずっと頭を離れないまま、僕はカラカスの中心部から徐々に遠ざかって行った。もう人家もまばらになってきている。

カラカスは狭い谷間に沿って伸びていて、この谷間がカラカスを取り囲み横断するように圧迫しているので、少し歩けばすぐまわりを取り囲んでいる山への上り坂が始まり、進歩的なこの街は僕らの足元に広がり、同時に、いろいろな顔を持つこの街の新たな局面が始まるのだ。黒人は、まさにアフリカの民族の見事な典型で、ほとんど入浴に固執していないお陰で人種的な純粋さを維持しているが、彼らは自分の陣地が奴隷の新しい典型であるポルトガル人によって侵略されるのを目のあたりにしてきた。これら二つの古い民族はいずれも、ありとあらゆる種類のいさかいやささいな出来事に満ちた、厳しい生活を始めた。軽蔑と貧困が、日々の戦いの中で両者を結びつけてはいるが、人生に立ち向かうやり方の違いが、両者を完全に分けている。黒人は怠惰で夢見がちで、僅かな持ち金をありとあらゆる下らないことや売春婦とあそぶことなどに費やしてしまうが、ヨーロッパ出身の方は労働と貯蓄の伝統を持っており、それがこんなアメリカ大陸の片隅まで彼らにつきまとって、彼ら個人の夢とは関係なく、進歩へと彼らを駆り立てる。

コンクリートの家はもう完全に姿を消し、その辺りにあるのは干しレンガのあばら屋だけだ。そのうちの一軒をのぞき込んでみると、かまどとテーブルを仕切りにして真ん中で二つに分けてあって、床に幾つか山積みになっている麦わらがベッドのようだ。骨と皮ばかりの猫が数匹と、一匹の疥癬《かいせん》にかかった犬が、三人の丸裸の黒人の子どもたちと一緒に戯れていた。かまどからは鼻を刺す臭いの煙が立ち昇っていて、そこら中に充満していた。縮れ毛で乳房の垂れた黒人の母親が、服を着た十五歳ぐらいの少女に手伝わせて、食事を作っていた。僕らはあばら屋の戸口で会話を始め、しばらくしてから写真を撮るためにポーズを取ってくれと頼んだのだが、その場で写真を渡してくれないのなら、と言って断固断られた。その前に現像しなければならないことを説明しても無駄で、その場で渡すか写真を撮らないかだと言われた。ついに、僕はすぐに写真をあげるからと約束したのだが、もう疑い始めていて、何も分かろうとしてくれなかった。子どものうちの一人がこっそり抜け出して友だちと遊びに行ってしまったが、その間も僕は家族と言い合いを続けていて、ついに、僕はドアのところでカメラを構えて見張りにつき、頭をのぞかせるもの皆を脅かした。こんな風にしてしばらく遊んでいると、さっき逃げた子どもが新しい自転車に乗って無頓着に近づいてくるのが目に止まった。僕がこっちに狙いを定めてシャッターを切ると、とんでもない結果になった。写真を撮られまいとよけた子どもが地面に落ち、その瞬間、鼻水が飛んだ。すぐに皆カメラに対する恐怖心などどこかへ行ってしまい、躓きながら飛び出してきて僕をののしった。彼らは石を投げるのがうまかったので、この集団の罵声に追い立てられながら、僕はかなり動揺して遠ざかった。彼らの侮辱の中でも最大の軽蔑の表現として特に際だっていたのが、「ポルトガル人め!」というやつだった。

道路脇には、ポルトガル人が住居として使っている、自動車輸送用のコンテナが置かれていた。そのうちの、黒人が住んでいる一軒の中にはぴかぴかの冷蔵庫があるのが見え、たくさんの家から家主がめいっぱいボリュームを上げてラジオの音楽を鳴らしているのが聞こえていた。全く惨めな住居の戸口には、ぴかぴかの乗用車が並んでいる。ありとあらゆる種類の飛行機が空中に騒音と銀色の影をまき散らしながら通り過ぎ、僕の足下に見える常春の街カラカスでは、近代的なスタイルの建造物の平らな屋根に混じって、瓦屋根の赤い反射が市の中心街に迫っていっているのが見える。しかし、地図の上から消えてしまった後もなお、植民地時代の建物の、オレンジがかった色の生き残りを支える何かがあるのだ。つまり、北側のメカニズムを浸透させない、植民地時代の半分牧歌的な逆行した状況の中にしっかりと根を張った精神があるのだ。

付記

あの山の街の空に光の縞模様をつけている星々と、静寂、そして寒さが、暗闇を非物質的なものにしていた。どう説明してよいのかよく分からないが、それはまるで、形のあるもの全てが僕らを取り囲む天空に蒸発してしまうかのようだった。僕らの個人性ははぎ取られ、立ちすくむ僕らは巨大な暗黒の中に取り込まれてしまっていた。星空の一片を隠すことによって空間に遠近感を与えてくれるような雲一つなかった。ほんの数メートル先で、一本の街灯の消え入りそうな光が、まわりの暗闇に色を添えていた。

その男の顔は影になって見えず、何か目のきらめきのようなものと四本の門歯の白さだけが浮かび上がっていた。僕にその啓示を受ける気にさせたものが、その時の環境だったのか、彼の人間性だったのか、今も分からない。しかし彼の使った論拠は、それまでに何度もいろんな人が使うのを聞いたことがあるものだったし、それまで一度だって僕を感心させはしなかったものだった。実際、この話し手はおもしろい奴だった。教理を押しつけてくる刃から逃れるために、若くしてヨーロッパのある国から逃げ出し、恐怖の味を体で知っており（それは人生を評価させてくれるきっかけになる数少ない体験のうちの一つだ）、その後、国から国へと点々とし、何千もの冒険を積み重ねながら、結局は遠く離れたその地方に行き着き、そこで、あの大事件が起こる時を辛抱強く待っていた。

ありふれた言葉と陳腐な表現で一人一人がそれぞれ自分の立場をはっきりさせた後で、もう議論に活気がなくなり別れようというときになって、彼がいつもと同じあのいたずら好きな子どものような笑みを浮かべて、四本の門歯の悪い噛み合わせを際立たせながら、こんな言葉を発した。「未来は人民のものであり、少しずつ、あるいは突然に、ここで、そして世界中で、権力を握るだろう。問題なのは、人民は進化しなければならないが、それは権力を握る前にではなく権力を握ってからできることだからだ。人びとは、自分自身の過ちの力で学んでいくことによってのみ、進化できる。過ちはものすごく重大なものかもしれないし、多くの罪のない命が犠牲になるかもしれない。あるいはおそらく、罪のない命ではないかもしれない。適応能力のなさという、自然の法則に反した重罪を犯しているのかもしれないのだから。そういう人びと、適応できない人びとは全て、例えば君や私のような人びとは全て、時にはとてつもなく大きい犠牲を払ってつくり出すのに貢献した、その権力の悪口を言いながら死んでいくだろう。それというのは、革命というものは非人間的なやり方で彼らから命を奪うだろうし、後の若者たちを飼い慣らすための模範として、道具として残った彼らの記憶を、利用しさえするだろう。私の罪の方が大きい、なぜなら、どうでも好きなように言ってもらって構わないが、君たちよりもっと抜け目ないというか経験が豊かな私は、自分の犠牲が、崩れ落ちる文明を象徴する執念深さに起因しているのだということを分かっていながら死んでいくだろうから。そして同じく君も、歴史の流れは少しも修正されないまま、あるいは私自身に対して君が抱いている個人的な印象を変えることなく、憎しみと闘争の完璧な証として拳を握りしめ歯を食いしばって死んでいくだろう、なぜなら、君は象徴（例として取りあげられるような生命のない何か）なのではなく、崩壊する社会の真の一員だからだ。群衆の魂は君の口を借りて話し、君の行動となって動くのだ。君は私と同じくらい役に立つ人間なのだが、自分が犠牲になっている社会に対して自分ができる貢献が何なのかを、分かっていないのだ。」

僕は彼の歯と歴史の先を行く抜け目なさそうなしかめ面を見、握手されるのを感じ、遥かなつぶやきのように、決まり切った別れの挨拶を聞いた。彼の言葉に触れている間は退いていた夜が再び僕を支配し、僕は、彼という存在の中に自分を混同していた。しかし、彼の言葉にもかかわらず、今は分かっている……偉大な主導的精神が、人類全てをただ二つの敵対する勢力に分けてしまうような巨大な切れ目を入れる時が来たなら、僕は民衆の方につくだろう。それが分かるのは、ドクトリンの解剖者であり教義の心理分析者である僕が、悪魔憑きのように唸りながら、バリケードや塹壕に攻撃をかけ、武器を血で染め、怒りに狂って、僕の腕の中に倒れ込む敗者全ての首をはねる様子が、夜の中に刻みつけられているのが見えるからだ。そして、僕の中に生まれたばかりの興奮を大きな疲労が打ち砕いていくかのように、いかにして自分が、意志をまとめあげていく本物の革命の犠牲となって、模範的な「我が過ちなり」という言葉を発しながら倒れていくかが、見えるのだ。もう僕は鼻をふくらませ、埃と血の鼻を刺す臭いを、敵の死を、味わっている感じがする。もう戦闘に備えて自分の体をこわばらせ、神聖な神殿に向かうかのように心の準備をしている、そこで新たな震えと新たな期待を込めて勝者である労働者階級の野獣の咆哮が響きわたるように。

エルネスト・チェ・ゲバラ略年譜／演説／日本語版解題

エルネスト・チェ・ゲバラ略年譜

1928　六月十四日、エルネスト・ゲバラ・デ・ラ・セルナは、建築技師の父エルネスト・ゲバラ・リンチと母セリア・デ・ラ・セルナの長男として、アルゼンチンのロサリオで生まれる。

1930　ブエノス・アイレスに住んでいた二歳のとき最初の喘息の発作が起こる。

1932　幼いエルネストが重い喘息の発作を患ったため、一家はブエノス・アイレスからコルドバの避暑地アルタ・グラシアに移転する。

ゲバラ家は、リベラルで、急進的とさえ言える思想を持つ、裕福で、中産階級の上層に属する家庭であった。エルネスト・ゲバラ・リンチは、宗教に敵意を持ち、スペイン市民戦争時代には共和国派で、第二次世界大戦中は連合国側だった。そして強硬な反ペロン主義者であった。

1941　コルドバの高等学校に入学。父の書斎で、ボードレール、マラルメなどフランス文学に熱中する。喘息に苦しみつつ、ラグビーやサッカーなどの激しいスポーツを好む。

1948　ブエノス・アイレス大学医学部に入学する。

1950　北部アルゼンチンをモーペッドで四千マイル単独走破する。

1951–52　本書で語られている南米旅行を行なう。旅の同行者は、数年年上で、ハンセン病を専攻し、政治的に急進的な考えの持ち主である医者、アルベルト・グラナードである。グラナードは旅の最終地点カラカスのハンセン病患者の村に留まったが、ゲバラは帰国して、医学部を卒業することを決意する。

1953 通常なら六年かかる課程を三年で終えて、医者の資格を得る。軍隊に召集されたが、医者は軍務に不適当と認める。カラカスのグラナードに合流するために二回目のラテンアメリカ旅行を始める。ボリビアでゲバラは、一九五二年の民族主義革命直後の労働者の動員や農地改革の現実を目撃する。エクアドルで会ったアルゼンチン人に、社会革命が進行中のグアテマラに行くよう誘われ、カラカス行きを変更しグアテマラに向かう。

1954 グアテマラでは、ハコボ・アルベンス首相下の急進的な政府が、米国に支援されたカスティジョ・アルマスによって打倒される。反米的な立場の人間の捜査・逮捕が始まり、メキシコへ逃れる。

1955 グアテマラで知り合ったペルー女性、イルダ・ガデアと結婚する。メキシコに亡命中のフィデル・カストロと出会う。キューバの帰還作戦と反独裁闘争に加わり、軍医としてはたらくことを承諾する。

1956 カストロのグループはヨット・グランマ号に乗ってキューバに上陸する。そして以後三年間に及ぶことになる、フルヘンシオ・バチスタ独裁体制に対するゲリラ戦を開始する。

1959　革命の勝利後、革命政権の国立銀行総裁に任命される。
アレイダ・マルチ・デ・ラ・トーレと結婚し、以後四人の子をもうける。
1961　工業相に任命され、ウルグアイのプンタ・デル・エステで開かれた米州機構の会議で、
ケネディ大統領が提唱した「ラテンアメリカのための進歩のための同盟計画」を非難する。
1965　国際的な革命闘争に直接参加するためにキューバを離れる。アフリカを巡り、コンゴで
は一時的に闘争に参加する。
1966　カストロ、共産党中央委員会でゲバラがカストロに宛てた「別れの手紙」を読み上げる。
「二つ、三つ、数多くのヴェトナムをつくるために」ゲリラ・グループを組織することを
目的にラテンアメリカに戻る。ゲバラ自身は変装してボリビアに入る。
1967　数ヵ月の間ボリビア政府軍と何度かの軍事的衝突をまみえていたが、一〇月八日、バジ
ェグランデ村の近くで捕らえられ、バリエントス大統領の命令により処刑される。享年
三九歳。

医師の任務について——私はすべてを旅で学んだ

*公衆衛生省研修課程開設式における演説／一九六〇年八月一九日

エルネスト・チェ・ゲバラ

（英語版のための前書き）『モーターサイクル南米旅行日記』を書いてから八年後、エルネスト・チェ・ゲバラはキューバ革命政府の中心的存在となっていた。アルベルト・グラナードとの旅のあと、彼は再びラテンアメリカを旅し、グアテマラでは米国中央情報局（CIA）が支援したクーデタを経験し、その後キューバ革命運動に加わり、一九五九年にこの革命は勝利した。キューバの医学生と労働者に向けたこの演説では、自らがいかにして医学生から政治活動家へと変貌を遂げたかを回顧している。

同志よ

この簡素な行事は、キューバ人民が自由と、さまざまな革命法の進展と、完全独立への道を前進していることを祝うために日々開かれている、数限りない行事のうちの一つでしかないが、私にとってはとりわけ関心のある行事だ。

多くの皆さんが知っているように、私は数年前、もともとは医者として仕事を始めた。私が医者としてのスタートを切ったとき、つまり医学を学び始めたときには、今日、革命家としての私が抱いている考えの大部分は、私の理想の中には含まれていなかった。

私は成功を望んでいた。誰もが成功したいと思うのと同じように。私は、高名な研究者になって、人類の役に立つような何かを成し遂げるために、たゆまず働き続けることを夢見ていたのだが、当時その夢は個人としての成功を意味していた。誰にでも当てはまることだが、私自身、平々凡々たる人間だったのである。

学位を得た後、特別な事情から、そしておそらくは私の性格も手伝って、米州旅行を開始し、すみずみまで知るようになった。ハイチとサント・ドミンゴを除くすべての米州諸国を、何かしらの形で訪ねた。最初は学生として、後には医者として旅をしたわけだが、そんな中できわめて身近に接するようになったのは、貧困や飢えや病気や、手の打ちようがなくて子どもを治療してやれないような状況や、飢えや次々に襲いかかる苦しみで感覚が麻痺してしまって、親にとっても子を失うことなど、どうということのない出来事となってしまうような状況だった。そんな状況は、われわれの故郷である米州諸国の打ちのめされた階層では、日常茶飯事のことだ。そのとき私は、有名な研究者になるとか、医学の世界で重要な業績を残すとかと同じぐらい大切な何かがある、ということに気づき始めた。それは、そういう人びとの力になるということだった。

それでも私は、誰にでも当てはまることだが、平凡人であり続けた。私は個人的な努力によって、そうした人びとの力になりたいと思っていたのだ。すでにさんざん旅をした後で、当時はアルベンス政権下のグアテマラに滞在しており、革命的医師の行動の道しるべとなるべき覚え書きを書き始めていた。革命的医師になるには何が必要かを、研究し始めていた。

ところが侵略が起きた。ユナイテッド・フルーツ社、米国国務省、フォスター・ダレス――実際のところ、この三者は事実上同一のものなのだが――、それに奴らが仕込んだカスティーリョ・アルマスという名の操り人形が仕組んだ侵略だった。名前の通り（カスティーリョは「城」、アルマスは「武器」を意味する）、侵略は成功した。グアテマラ国民は、今日のキューバ国民ほど成熟していなかったからだ。ある日、多くの仲間と同じく、私もまた亡命という道を選んだ。というより、グアテマラから逃げ出すという道を選んだと言った方がよいだろうか、グアテマラは私の祖国ではないのだから。

そのとき、私はある根本的なことに気がついた。革命的医師になるためには、あるいは革命家になるためには、まず最初に必要なものは革命そのものなのだ。一人きりでの努力、一個人としての努力、理想の純粋さ、もっとも尊い理想のために全人生を捧げたいという熱望があったとしても、そのような努力が米州の一隅で、単独で孤立して行われたのでは、敵対する政府や進歩を許さない社会状況を相手に戦ったところで、何の役にも立たないのだ。革命が成り立つには、全人民が総動員され、武器を使用し戦闘軍としての訓練をすることで、武器の価値と人民の結束の価値を理解するということが必要なのだ。そしてキューバにはこれがある。

ではいよいよ、今日われわれが直面している問題の核心に入ろう。そうすると、すべてのことをさしおいてまず革命的医師となる権利と、さらには義務すらも、われわれはすでに持っていることになる。革命的な医師とは、医者としての専門知識を革命のため、人民のために用いる人のことだ。そこで、ふたたび前の問いかけに立ち戻ることになる。どうしたら、効率的に社会福祉のために働くことができるか？　個人の取り組みと社会の要請とを一致させるには、どうすればよいのか？と。

いまいちど、一人一人の人生を振り返ってみる必要がある。革命前、医者として、あるいはその他の公衆衛生の担い手として、どのような行動や考え方をしてきたのか。それを、強い批判的精神をもって振り返らなければならない。そうすると、すでに過去となったあのころに考えたり感じたりしたことはほとんど全部記録保管庫にしまってしまい、新しい種類の人間を創り出さなければならない、という結論に達するだろう。そして、各々がその新しい人間の創造主となれば、誰もがそれを創造して、新生キューバの象徴となることは、はるかに容易なことだろう。

　ここで話を聞いている、ハバナに住む皆さんの頭に、キューバでは新しい人間が創られているのだという考えが刻みつけられるのは好ましいことだ。首都ハバナではきちんと評価されにくいが、国中のすみずみでその様子がうかがえる。皆さんのなかで、七月二六日（一九五三年のこの日、フィデル・カストロらは政府軍のモンカダ兵営を攻撃した。キューバの革命記念日）にシェラ・マエストラ（キューバ東部の山岳部。一九五六年に上陸した反乱軍のゲリラ根拠地となった）へ行ったことのある人は、まったく知られていない二つのことを目撃したはずだ。オリエンテ州の、つるはしと棒きれで武装した軍、革命記念日には精一杯の誇りを持って、つるはしと棒きれを構えて行進に参加する軍、その一方で、銃を構えて行進する民兵の同志たち（拍手）。そして、それよりはるかに重要なものを見たはずだ。身体的には八歳か九歳に見えるのに、実際にはそのほとんどが一三歳や一四歳という子どもたちだ。彼らこそ、正真正銘のシェラ・マエストラの子どもたち、正真正銘、さまざまな形での飢えと貧困が生み出した子どもたちだ。栄養不良の子どもたちなのだ。

　この小さなキューバ、テレビのチャンネルも四つか五つあり、何百というラジオ局があり、あらゆる近代科学の進歩を兼ね備えたキューバで、その子どもたちは夜に初めて学校へ行き、電気の明かりを目にしたとき、今夜は星がなんだかとっても低い位置にあるよ、と大声を上げたのだ。皆さんのうちの何人かも会ったことがある、あの子どもたちは、いまでは公立学校で読み書きから職業訓練、革命家になるためのとても難しい学問までを学んでいる。

これこそ、キューバに生まれている新しい人間だ。彼らは辺境で、シェラ・マエストラの各地で生まれつつあり、数々の協同組合や労働現場でも生まれつつある。これらはすべて、今日の話のテーマ、すなわち医師とその他の医療関係労働者を革命運動の中で養成するというテーマと大いに関係がある。なぜなら、そのような任務、つまり子どもたちに教育と食事を与え、軍隊を訓練し、かつて不在地主が所有していた土地を、収穫もできないのに来る日も来る日も汗水垂らしてその土地で働いていた者たちに再分配するといった任務は、キューバで行われてきた社会医学のもっとも偉大な功績だからだ。

病気との闘いは、丈夫な体を作るという原則に基づいていなければならない。だが、医師が芸術的な仕事によって、弱い器官の上に丈夫な体を作るのではなく、集団全体の労働によって、その全社会集団の上に丈夫な体を作るのでなければならない。

そう考えると、いずれ医学は、病気の予防のために使われる学問、医学的な義務に人民の目を向けさせる学問へと、変貌を遂げなければならないだろう。そして、きわめて緊急の場合に外科手術を行ったり、われわれがつくりつつある新しい社会の性質では補いきれないような何かをしたりする必要があるときだけ、医学が介入するべきだろう。

今日の医学とは……（そこ、どうかしましたか？――拍手――）。さて、室内にいない人のためにお知らせしますが、この講堂の後ろの方で倒れた人がいるようです。さて、話を続けよう。今日、衛生省やその手の機関に託されている任務とは、一人でも多くの人に対処できて、予防できる病気はすべて予防するようにし、また人民に指針を示せるようなやり方で、公衆衛生をきちんと組織していくということだ。

革命の中での任務すべてに当てはまることだが、この組織化という任務を遂行するために根本的に必要なのは個人である。革命は集団的意志や集団的発意を画一化するものと言い張る人もいるが、そうではない。それどころか、革命は個々の能力を解放するものだ。

革命というものは同時に、そうした能力の方向づけも行う。今日のわれわれの任務は、すべての医療専門家たちの創造力を社会医学に資するように方向づけることである。

われわれはひとつの時代の終わりにさしかかっている。といっても、ここキューバの話ではない。いくら反対する者がいようと、まだ希望を捨てきれない者がどう考えようと、われわれが知っているような資本主義の形態、われわれもその下で育てられ、苦しめられてきた資本主義の形態は、世界中で打ち負かされつつあるのだ（拍手）。

独占は打破されつつある。集団の科学が日ごとに、価値ある勝利を収めつつある。そしてわれわれには、アフリカやアジアの従属した地域で先に始まっている解放運動の、米州での前衛になるのだという誇りと自己犠牲的な使命とがある。そこまで根本的な社会変革は、人びとの精神構造にもきわめて奥深い変革を求めている。

個人主義それ自体は、つまり社会環境のなかで孤立した個人による単独行動は、キューバからは無くなるべきだ。個人主義は今後、集団全体の絶対的利益のために、すべての個人を適切に活用するものとなるべきだ。だが、こんなことが良く理解されているはずの今日ですら、私が述べているこれらのことが理解されている今ですら、そしてだれもが現在・過去・あるべき未来の姿について少しばかり考えてみる気になっている今ですら、ものの考え方を変えるには内面の根本的な変化が必要だ。また、外部の、とりわけ社会の根本的な変革を体験する必要があるのだ。

外的変化は、キューバでは毎日のように起きている。この革命について学ぶ一つの方法は、あまりにも長い間眠らされてきた、人びとの内に秘められた力について知る方法は、キューバ中を訪ね歩くことだ。作られつつある協同組合や労働現場をくまなく訪ね歩くことだ。そして、医学的な問いかけの核心に迫る一つの方法は、こうした場所を訪れて知るだけでなく、協同組合や労働現場の構成員である人びとのことをも知ることだ。そこで、彼らが抱えているのはどんな病気か、どんな苦しみを味わっているのか、長年経験してきた、何世紀にもわたる抑圧と絶対服従のなかで代々受け継がれてきた貧困がどんなものなのかを、その目で見ることだ。

そのうえで、医師や医療従事者は、新しい労働の現場に行かなければならない。そこには、大衆の中の人間、集団の中の人間がいる。

医者というものは、世の中で何が起きようと、絶えず患者のそばについていて、患者の心理状態を深く知り、痛みを感じとりそれを癒す者の代表である。だから、医師は、社会において責任の大きい、きわめて重要な仕事に携わっているのである。

ちょっと前、つい数ヵ月前に、ここハバナで起きたことだが、医師免許とりたての学生のグループが田舎に行きたがらず、行くなら特別手当が欲しいと要求した。これまでのものの見方から考えれば、こういうことが起きるのはごく当たり前のことだった。少なくとも私にはもっともなことと思えるし、気持ちはよく分かる。

単純に、ほんの数年前の自分の姿や自分の考えていたことを思い出しているような気分だったのだ。私もまた反乱する古代ローマの剣士であって、よりよい将来、少しでも良い条件を確保したいと望み、自分が内部にもつ力を発揮させようとするを孤独な戦士だったのだ。

だが、大学を出てこれから実際に仕事を始めようとしているのが、おおかたが数年間の学業に必要なお金を家族に払ってもらえるこれらの若者たちでなかったなら、どうだっただろう？　もしもこれが、たとえば手品で大学の講義室に突然現れた二〇〇人、三〇〇人の農民だったら、何が起きただろう？

疑問の余地もないことだが、その農民たちはすぐさま喜び勇んで駆けだしていき、自分の兄弟姉妹たちを救いに行くだろう。彼らなら、一番責任の重い、一番大変な仕事をさせてくれと言い、学業に費やした年月が無駄ではなかったということを証明してくれるだろう。このようなことは、今後六、七年の間に、実際に起こるようになるはずだ。そのころには労働者階級や農民の子どもから成る新しい学生たちが、さまざまな種類の学位を取るようになるからだ（拍手）。

だが、宿命論で未来を見るべきではないし、労働者階級や農民の子どもたちと反革命家とに人間を分けるべきでもない。それでは単純化しすぎで、正しいことでもない。高潔な人物が育つには革命の中で生きるのが一番だからだ（拍手）。なぜなら、グランマ号（カストロ、ゲバラらがメキシコの港から乗ったヨットの名）で上陸した最初の一団であるわれわれは、シェラ・マエストラに陣をはり、農民や労働者とともに生活しながら彼らを尊敬することを学んだが、そのわれわれの誰一人として、労働者や農民として働いた過去をもつ者はいなかった。もちろん、働かなければならなかった者はいた。子ども時代に多少の貧乏を経験した者もいた。だが飢え、本物の飢えと呼べるものだけは、われわれの誰も知らなかった。そして、シェラ・マエストラで過ごした長い二年間のうちに、だんだんとそれを知るようになる。すると、多くのことが実に明白になってきたのだ。

われわれは当初、金持ちの農民や地主の持ち物であったとしても、それに少しでも手をつける者を厳罰に処していたが、ある日一万頭の牛をシェラに運んでいって、農民たちに「食べなさい」とだけ言った。農民たちは、数年ぶりに、あるいは生まれて初めて、牛肉を口にしたのだった。

だが、そんな一万頭の牛を持っているということが文句なしに素晴らしいことだと思っていたわれわれも、武装闘争を続けるうちにその価値観を失っていった。ただ一人の命のほうが、世界でもっとも富裕な人間の全財産の何百万倍も価値があると、完璧に理解したのだ（拍手）。労働者階級の子どもでもなければ、農民の子どもでもなかったわれわれが、そこでそのことを学んだのだ。われわれは恵まれていたのであって、他のキューバ人が同じことを学ぶことはできないなどと、言いふらすつもりはない。そう、誰もが学ぶことができるのだ。しかも革命は今日、学ぶことを求めている。同胞のために働いているのだという自負は、よい給料をもらうことよりもずっと大事なのだということを、人に感謝されることは、どんなに貯めこんだ金塊よりも確かで、永遠に続くものなのだということを、しっかり理解することを求めている（拍手）。そして、医師ひとりひとりは、自分の仕事を通じて、人びとからの感謝という貴重な宝物を積み上げていくことができるし、それが義務なのだ。

こうしてわれわれは、古い考え方を消し去り、批判精神をもってますます人民に接するようにしなければならない。今までのようなやり方ではいけない。君たちは誰もが言うだろう。「いいや、私は人民の友だ。労働者や農民と話すのは大好きだし、日曜日ごとに、そのために、どこそこへ行ったりどれそれを見たりするのだ」と。そんなことは誰もがやってきたことだ。だが慈善としてやってきたのであって、今日われわれが実践すべきことは、連帯なのだ（拍手）。「ほら、来ましたよ。慈善を施すために来てあげましたよ。学問を教え、あなた方の間違いや教養のなさや基礎知識のなさを直してあげるために来たのですよ」などという態度で、人民に接するべきではない。人民という、巨大な知恵の泉から学ぶために、研究心と謙虚な態度をもって、向かうべきなのだ（拍手）。

慣れ親しんできた考え方がいかに間違っていたか、気づかされることがよくある。そういう考え方はわれわれの一部になってしまっていて、自動的に、われわれの知識の中に組み込まれてしまっている。自分の考え方をがらりと変えなければならないこともよくある。社会観や人生観といった全般的な考え方だけではなくて、時には医学的な概念までも変えなければならないことすらある。病気が必ずしも、病院や大都市で問題となる種類のものだけではないのだということを知るだろう。そして、キューバの食品構成を多様化させるために、医師もまた農夫となり、新しい食べ物を栽培することを学んで、自らが模範となることで、新しい食べ物を摂取する気にさせる必要があるということを、知るだろう。キューバはたいへん小さく、きわめて貧しいけれども、農業面では潜在的に地球上でもっとも豊かになりうる可能性を秘めているのだ。そういう状況の下では、いくぶんか教育者的であったり、時には大いにそうでなければならない理由も分かるだろう。政治家にもなる必要があると分かるだろう。われわれがまずやらなければならないことは、知識を与えに行くことではない。人民とともに学び、新しいキューバを建設するという、偉大で素晴らしい共通体験をしたいという気持ちを示すことである。

すでにかなりの進歩が遂げられてきている。あの一九五九年一月一日（キューバ革命勝利の日）と今日との間には、古い尺度では測ることができない距離がある。人民の大多数は、ここでは独裁者だけでなく一つの制度自体が崩壊したのだということを、ずっと以前に理解した。こんどは、崩壊した制度の廃墟の上に、人民の完全な幸福をもたらす新しい制度を築かなければならない、ということを学ぶ段階に来ている。

去年の初頭に、ギジェン同志（詩人、ニコラス・ギジェン。独裁時代、アルゼンチンに亡命していた）がアルゼンチンから到着したときのことを思い出す。今と変わらぬ、素晴らしい詩人だった。たぶん、彼の本は少なくとも何カ国語かには翻訳されているだろう、世界中のあらゆる言語の読者が日々増え続けているのだから。だが、彼は今日の彼と変わらなかった。しかし、ギジェンにとって、自分の詩を読むのは難しかった。人びとのための詩だったのに、当時は第一段階、偏見の時代だったからだ。詩人としてのギジェンが、何年もの間、何にも揺るがない献身でもって、その類い希な芸術的才能のすべてを人民のため、信じている理想のために捧げてきたのだということを、誰も一度も考えてもみなかったのだ。人びとが見ていたのは、キューバの栄光としての彼ではなく、タブーとされていた政党の代表者としての彼だった。しかし、そんなこともすべて忘れ去られてしまった。キューバの内部組織に関する考え方がいくらか違ったからといって、共通の敵や、共通の目標を達成しようとするかしないかの点で違いは出てこないのだということを、もう学んだのだ（拍手）。

だからこそ、われわれ皆が、共通の敵がいるということを確信するようになったのだ。背後を伺い、盗み聞きをしている人がいないか、どこかの大使館の誰かが盗み聞きをしていないか、誰も確かめる必要はない。独占資本に対する抗議をはっきりと口にする前に、「われわれの、そして全米州の敵は、アメリカ合衆国という独占資本家の政府である」（拍手）と自分の意見をはっきり述べる前に、誰かが盗み聞きをして通報してしまわないかと、恐れることはない。米国政府こそ敵だと皆がすでに分かっているなら、そしてこの敵と戦っている者ならわれわれと何かしら共通点があるのだと分かってきたなら、次は第二段階だ。ここ、キューバでの、われわれの目標とは何か？　何を望むのか？　人民の幸福を望んでいるのではないか？　キューバ経済の完全な解放のために戦っているのではないか？　いかなる軍事ブロックにも属さず、ここキューバで採用する内的・外的な手段を決定するときに地球上のどんな大国の大使館にもお伺いを立てる必要がない、もっとも自由な国になるために戦っているのではないか？　あまりにも持ちすぎている者の富を再分配し、無一物の人に与えようと考えているのではないか？（拍手）。ここで創造的な仕事に取り組むことを、日々喜びを生み続ける原動力にしたいと思っているのであれば、われわれにはすでに拠って立つ目標があるということだ。そして、その同じ目標を持つ者は皆、われわれの仲間だ。それ以外では考え方が違っていたとしても、何かしらの組織に属していたとしても、そんなことは大きな問題ではない。

大きな危機のとき、緊張の激しいとき、大きなものを作り上げようとしているとき、そうしたときに重要な意味を持つのは、巨大な敵と大きな目標だ。われわれのあいだに合意ができていて、皆がすでに目標地点が分かっているのであれば、何があろうとも、仕事に着手しなければならない(拍手)。

革命家になるためには、まずは革命を起こすことが必要だ、とお話しした。すでに革命は起きている。それから、共に働こうとしている人民のことも知らなければならない。われわれはまだ、お互いのことをよく知らないと思うし、お互いを知るにはまだしばらく時間がかかると思う。内部まで踏み込んでいくには、協同組合を知り、協同組合の中で生活し、協同組合の中で働くにはどんな方法があるのか——協同組合で働くのは誰にでもできる仕事ではないし、しかも医療関係の労働者の存在がとても重要であるような場所は、ほかにもたくさんあるのだ——、またそれだけでなく、人民のことを知るためにはどんな手段があるのか、と問われれば、私はこう答えるだろう。キューバ人民の連帯の最大の証しは、革命的民兵にあると(拍手)。今は革命的民兵のおかげで医者には新しい役割が与えられ、少し前までは実際にキューバの悲しく絶望的な現実として存在していたような事態に、備えられるのだ。すなわち、その現実とは、われわれが大規模な軍事攻撃の餌食——餌食でなければ、少なくともその犠牲——となる寸前であったということだ。

そして、その革命的民兵という機能の中での医者は、つねに、あくまでも医者であるべきだ、ということを強調しておかなければならない。われわれがシエラで犯したような間違いを、繰り返してはならない。いや、おそらくあれは、間違いではなかったのかもしれない。当時の医者仲間は皆知っていることだが、けが人や病人のそばについていることは不名誉なことのように思えて、どうにかして武器を摑んで戦いの前線に出て行き、なすべきことを示そうとしていたのだ。

今や状況は変わった。祖国防衛のために編成されている新しい軍隊は、これまでとは異なる技術をもつ軍隊でなければならない。そして医師は、その新しい軍隊の技術の範囲内で、きわめて重要な位置を占めるだろう。医師はつねに医師でなければならない。それは、現存する実に素晴らしい仕事のひとつであり、戦争の中でもっとも重要な仕事のひとつである。それは医師だけでなく、看護士も、研究員も、きわめて人道的なこの職業に従事する人びと全員にあてはまることなのだ。

しかしわれわれは皆、隠れた危険が潜んでいることを知っていてもなお、いまだ周辺に存在している侵略を跳ね返す備えをしていてもなお、そればかりを考えることはすべきではない。なぜなら、戦争に備えることを努力の中心に据えてしまったら、われわれが望むものを建設することは不可能だし、創造的な仕事に集中することができないからである。

戦争に備えるための仕事や、そのために投資される資本はすべて、無駄な仕事であり、捨て銭だ。戦争に備える者たちがいるばっかりに、ばかばかしいことにわれわれもそうせざるを得ないのだが、——私の誠心誠意と、兵士としての自負を込めて言うが——国立銀行の金庫から出て行くお金で一番わびしく思えるのは、破壊兵器を購入するために支払われるお金である（拍手）。

しかし、民兵には、平和時の役割もある。民兵は都市において、民衆を団結させ、人民に情報を伝達するための武器とならねばならない。医師で民兵に加わっている同志が、連帯意識の広がりを伝えてくれたが、それを最大限に実践しなければならない。危険が迫っている時はいかなる時も、キューバ全土で助けを必要としている人たちの問題を解決するために、すぐに駆けつけなければならない。しかし現在は、同じ制服を着て、お互いを知るよい機会であり、同胞となり対等になって、キューバの全ての社会階層の人びとと共に生きる機会でもある。

われわれ医療労働者が——この名称を使うことをすっかり忘れていた。もう一度使うことを許してほしい——これをやり遂げることができるなら、連帯という新しい武器を使いこなし、目標を知っているなら、敵はもう分かっている。そして目指すべき方向が分かっていれば、あとは一日あたりどれだけこなしていけばよいのかを理解するのみだ。それだけは、誰かに教えてもらうわけにいかない。それは一人一人、それぞれの道のりだからだ。毎日のことであり、それぞれの経験からつかみ取るものであり、人びとの福祉に貢献する仕事をこなしていくうちにおのずと分かってくるものだからだ。

未来に向かって前進するための要素がすべてそろったところで、マルティのあの言葉を思い出してみよう。今このときには、私はその言葉を実践できていないが、常に実践すべきことだ。「言葉より行動で示せ」。さあ、キューバの未来に向かって突き進もう（総立ちで拍手）。

日本語版解題

エルネスト・チェ・ゲバラが一九五一年から五二年にかけて行なった、モーターサイクルとヒッチハイクによる南米旅行について、自ら書き記した日記が残っていることは、早くから知られていた。一九六七年一〇月、ボリビアにおける彼の死が確認された直後、キューバの新聞・雑誌にはゲバラの人生と思想をさまざまな角度から顧みる企画記事が掲載された。そのなかで、キューバ共産党機関紙「グランマ」には、後年本書『モーターサイクル南米旅行日記』としてまとめられることになるゲバラの記録が、アマゾン流域紀行のあたりを中心に部分的に掲載され、本書に収められている写真のいくつかも紹介されたことがあった。

私たちが本書にまつわるその後の経緯のすべてを知っているわけではないが、目にふれた限りで言えば、チェ・ゲバラの父、エルネスト・ゲバラ・リンチ氏が『わが息子、チェ』(*Mi hijo el Che*, Ernesto Guevara Lynch, Editorial Planeta, S. A., Barcelona, 1981)と題する書物を著わしたとき、このゲバラ日記の多くの部分が引用の形をとってそこに収められた。

その後、「原書版解題」および「凡例」で触れているように、『旅行ノート』(*Notas de Viaje*, Ernesto "Che" Guevara, Ediciones Abril, Ciudad de la Habana, 1993)がキューバで発行された。これが、本書の原型である。写真は収められていない、きわめて簡素なつくりの本である。

同じ年、ゲバラの死後現在に至る三〇数年間というもの、書店にはゲバラ・コーナーが変わることなくあって、ゲバラの著作、伝記、ブックケースに入れられゲバラの肖像が描かれたTシャツ、ゲバラにまつわるビデオテープやカセットテープやCDが売られているというイタリアで、本書のイタリア語版が出版された（*Latinoamericana, Un diario per un viaggio in motocicletta*, Giangiacomo Feltrinelli Editore, Milan, 1993）というが、筆者は未見である。

二年後発行された英語版は、版権表示から見ると、このイタリア語版に基づいて訳出されたものらしい（*The Motorcycle Diaries : A Journey Around South America*, Verso, London & New York, 1995）が、それは、この当時は翻訳権の管理がフェルトリネリ社によってなされていたからである。

*

私は、一九九二年暮から九三年初頭にかけて、三〇年来関心を持ち続けていたキューバを初めて訪れた。さまざまな出会いに恵まれたが、チェ・ゲバラの著作の全体像を知りたいと思っていた私は、文化機関「カサ・デ・ラス・アメリカス（アメリカの家）」を訪ね、社会科学部門の出版担当者と話をした。それまでに、キューバでは、ゲバラの著作集が二回公刊されていた。

Ernesto Che Guevara OBRAS 1957-1967（2 tomos, Casa de las Americas, la Habana, 1970）.

ERNESTO CHE GUEVARA escritos y discursos（9 tomos, Editorial de Ciencias Sociales, la Habana, 1985）.

前者は全二巻、後者は全九巻の著作集である。

その後いくばくかの時間が経過して、従来未公刊であった（別な表現を使えば、未公刊にせざるを得なかった）ゲバラ文書があるのではないかと考えていた私は、ゲバラ著作集の今後の展望について質問した。担当者は「現在、新たなゲバラ著作集の編集の準備に入っている。一九六〇年代前半の社会主義経済建設論争時の未公開文書や、メモや手紙類も相当数未公開のまま遺されており、ゲバラの筆跡をよく知る、妻アレイダ・マルチなど近親者が解読と整理に当たっている段階だ」と語っていた。私は、それらを日本語で紹介するためにできるだけのことはしたいと約束してきたものの、キューバにおけるその新たな著作集の刊行が実現されるには、まだかなりの時間がかかるだろうと予測せざるを得なかった。そんな時に、本書の原型 *Notas de Viaje* に出会った。キューバ革命後のゲバラの「革命的な」文章・演説・日記しか読んだことのなかった私は、二三、四歳のゲバラが遺していた若書きの本書を、ひとつの青春の記録文学として愉しむことができた。ここからは、青春の無鉄砲さも、いい加減さも、よく読み取ることができるが、同時に、後年の革命家＝チェ・ゲバラに繋がる原石も、確固として見られる。

時代状況も思想状況も急激な変化にさらされて、チェ・ゲバラをもはや知ることもない若者たちも、青春紀行文学としての本書を通して、何か新しいものに出会う機会を得ることができるかもしれない。そこで、ゲバラ死後三〇年を迎える一九九七年一〇月に本書を刊行することにしたのである。

本書の刊行を準備していた当時、本書の著作権管理は、イタリアの出版社フェルトリネリ社によってなされていた。そのころ来日したキューバ出版協会副代表ホルヘ・ティモッシ氏によれば、チェ・ゲバラや作家アレッホ・カルペンティエールの著作のように、世界書籍市場に出回る可能性の高いキューバ人の著作に関しては、自国だけで権利を統括するのではなく、他国の信頼しうる代理人にも委嘱しているとのことであった。そこで、私たちも、当然、フェルトリネリ社との間で日本語版刊行に関わる契約を結んだ。

翻訳のテクストにしたのは、キューバで刊行されたスペイン語版であった。編集上の問題からいえば、スペイン語版の後半部分には、日記を時系列にしたがって並べるという単純明快な立場からはずれた、不可解な順序が見られた。私たちは、正当な理由があるとは思えない、この整合性のない順序をただしてみた。結果としては、日本語版は英語版と同じ編集方法になった。ただし、スペイン語版も、後半部分のごく一部で、文章の配列順序に違いが見られるだけであって、英語版と比較して削除部分があるわけでは、ない。

なお、チェ・ゲバラの旅の同行者であったアルベルト・グラナードもこの旅の旅行日記を刊行している（*Con el Che por Sudamericana*, Alberto Granado, Editorial Letras Cubanas, Ciudad de la Habana, 1986）。刊行年度は遅く、「チェに捧げる」という献辞も付されているが、日記本体の筆致は明らかにゲバラのそれと同じく旅行の過程そのもので記録されていたものと思われる。私たちはこれも参照した。同じ事物に接し、同じ人物に会っても、そこから受ける印象、それを描く方法はこんなにもちがってくるかと思うと、微苦笑を誘われることもあった。それは、ふたりの個性のちがいに対する思いであって、ふたりあるいはどちらか一方に悪印象を受けたということではない。本文訳注のなかには、わずかだがグラナードの本に照らして、付したものもある。

スペイン語版にも英語版にも、写真は掲載されていなかった。だが、前述の「グランマ」紙をはじめとするキューバの新聞・雑誌・単行本では、家族や近親者・友人が撮ったのであろう子ども時代の写真も含めて多数の写真が紹介されてきた。それらのなかから、この南米旅行に関するものよびその直前の時代のものを選んで、本書旧版には収録した。

＊

旧版は、七年間の間に多くの読者に迎えられた。ゲバラとキューバ革命への関心の高まりに支えられて、私たちはその後も、『エルネスト・チェ・ゲバラとその時代――コルダ写真集』（一九九八年）、パコ・イグナシオ・タイボⅡほか著『ゲバラ　コンゴ戦記　１９６５』（一九九九年）、太田昌国著『「ゲバラを脱神話化する」』（二〇〇〇年）、ゲバラ・リンチ編『チェ・ゲバラ AMERICA 放浪書簡集――ふるさとへ 1953-56』（二〇〇一年）等の本を出版することができた。

私たちは、さらに二冊のゲバラ関連書発行の準備を続けている。二回目のラテンアメリカ旅行の過程で書かれた日記『チェ・ゲバラ　ふたたび旅へ――第二回中南米旅行日記』と、コンゴにおける活動の総括文書『革命戦争の道程――コンゴ編』である。そのさなかに、数年前から話題になっていた、本書を原作とする映画がいよいよ完成したという知らせが、二〇〇四年になって届いた。ロバート・レッドフォード製作総指揮、ウォルター・サレス監督、ガエル・ガルシア・ベルナル主演の作品である。この映画も機縁になって、本書がふたたび新しい読者に出会うことを私たちは望んでいた。

さて、冒頭の「旧版および増補新版の読者の皆様へ」で触れたように、二〇〇三年に本書の著作権管理人の移行が行なわれた。それに伴ない、私たちは、新しい権利者と出版契約を結びなおした。新権利者は、英語圏を基盤とする出版社であるから、*The Motorcycle Diaries : Notes on a Latin*

American Journey, Ocean Press, Melbourne, 2003. を刊行した。従来出版されていた英語版とは、翻訳者もちがい、編集方法もちがう。この新しいテクストに基づいて、増補新版をつくるに当たって、私たちは以下の作業を行なった。

（一）ゲバラ本人が記した日記本文は、スペイン語が原テクストであるから、旧版同様、スペイン語版から翻訳したものを用いた。旧版の誤記など、最小限の字句を改めた。

（二）冒頭のアレイダ・ゲバラ・マルチの「はじめに」は、英語新版のテクストしかないので、英語訳から重訳した。

（三）巻末に付け加えられた、ゲバラが革命後の一九六〇年に行なった演説は、英語版に収められているのは全文訳ではない。原文であるスペイン語テクストは、先に触れた全九巻の著作集の第四巻に、*Discurso en la inauguración del Curso de Adoctrinamiento del Ministerio de Salud Pública* と題して収められているので、それに基づいて全文を翻訳した。

（四）写真は、新しい英語版に収録されているものをすべて使った。日本語版旧版に収録されていたものとの異同は、そのために生じた。

（五）角川書店から、本書を角川文庫に収録したいとの申し出があった。廉価版で、より多くの読者との出会いの機会が生まれることは、本書にとっても読者にとっても幸いなことと考え、現代企画室版単行本の出版は続ける一方、訳文など本書の内容すべてを角川文庫版に提供することにした。

＊

本文を読まれた読者はおわかりのように、旅行の途中でモーターサイクルは壊れ、以後ふたりの旅行方法はヒッチハイクや「密航」となる。だがこの旅行日記が当初から「モーターサイクル」という言葉を伴なって紹介されてきた印象が強く残っていることもあり、英語版やイタリア語版と同じく「モーターサイクル」という言葉を題名に使った。

最後にこの旅の結末に触れておきたい。アルベルト・グラナードはカラカスに残った。彼がかつて働いていたハンセン病院時代の友人がカラカスにいて、グラナードに仕事を見つけてくれることになっていたからだ。チェ・ゲバラは、叔父の紹介状をもって、カラカスに住む競馬馬の輸送業者の家を訪ねた。彼が持つ馬の輸送機は、カラカス―マイアミ―カラカス―ブエノス・アイレスと巡航していた。それに便乗してゲバラはアルゼンチンに戻り、まだ残っている大学の課程を終え、初志である医者になろうとしていた。ゲバラはまずマイアミに飛んだ。ところが同機はモーターの故障で一ヵ月間の修理期間が必要であることがわかった。ポケットに一ドルしか残っていなかったゲバラは、ブエノス・アイレスに戻ったら支払うとの約束で街なかのペンションを借り、毎日のように海岸へ行ったり図書館へ行ったりして、一ヵ月を過ごしたという。

九月の新学期を前に、ゲバラは競馬馬と一緒に飛行機に乗ってブエノス・アイレスに戻った。八カ月ぶりの帰国であった。一二科目残っていた必修単位をすべて修めて、アレルギーに関する論文を書いて医学博士になった。一九五三年七月、ゲバラは一年前グラナードと交わした約束を果たすために再びアルゼンチンを発った。カラカスのハンセン病院で一緒に働くつもりだったのだ。だが、ボリビア、ペルー、エクアドルとアンデスの国々を通過して後、彼の足は一九五三年一二月、社会革命の真っ只中にあった中米グアテマラへと向いてしまう（この旅の途中で書かれた家族宛ての手紙を集成したのが『チェ・ゲバラ *AMERICA* 放浪書簡集――ふるさとへ 1953-56』であり、旅日記をまとめたのが『チェ・ゲバラ ふたたび旅へ――第二回中南米旅行日記』である。いずれも、現代企画室刊）。

そしてその後、グアテマラからメキシコへ移ったゲバラは、キューバから政治亡命中のフィデル・カストロたちと出会い、その後「思いもかけない」人生をたどることになるのだが、それはもはや本書がカバーすべき範囲を越えており、別な一書によって語られるべきものだろうが、本書では、巻末に修められた革命勝利直後に行なわれた演説を通して、その片鱗なりとも、うかがい知ることができる。

本書を読まれた多くの読者が、さらに深くチェ・ゲバラの世界に分け入って、「一九六〇年代」を象徴するひとりの人物と、その背後に広がる時代が孕んでいた高揚と希望、それと背中合わせの苦しみ、悲しみ、絶望と出会われることを願う。

二〇〇四年九月一日

現代企画室編集部・太田昌国

訳者あとがき

この日記の著者である、エルネスト・チェ・ゲバラの名は、今日世界でも日本でもよく知られている。星形の少佐のバッジの付いた帽子と戦闘服姿で、ロひげをたくわえ、やや上方を見上げるような目つきをした肖像は、ポスターやバッジやTシャツにまでなっている。このように有名になったチェ・ゲバラについては、多くの学術研究や伝記が存在するし、キューバ革命、あるいはラテンアメリカの革命を支えた重要な人物として語られ、また文章家であった彼自身が書き遺したたくさんの文章もさまざまな書物の形で手にすることができる。それらに目を通せば、彼がどのような人物であったかをかいま見ることができるだろう。しかし、そんな手続きを経る以前にすでに、「革命の戦士」「革命のシンボル」としての彼のイメージを、私たちは強く植えつけられてしまっている感じがする。

今回、ここに紹介されている一連の文章を翻訳する機会に恵まれた私自身、翻訳の作業にとりかかる前にチェ・ゲバラについて持っていた知識はごくありきたりのもので、彼について特に興味を抱いて何かを読んだという経験もなかった、ということを告白しておかねばならない。彼が大学時代にこのような旅をしていたという事実など、とうてい知るに及ばなかったのだ。

したがって、このあとがきを書くにあたって、真っ先に頭に浮かんだのは、この本はどんな人に読まれるのだろうかということだった。私は著者について深い知識がないまま、まずはこの本を読んだ。読みながら、これが「チェ・ゲバラによる旅の記録である」という前提は、どうしても必要なものではなくなっていった。これは、二十三歳の青年の、読み始めたら読者を引き込んで離さない、とても魅力的な「旅の日記」だった。翻訳にあたってはあまりの知識不足を補うために、チェ・ゲバラに関する書物や後に彼が書いたものなどを読んだりして、多少のにわか知識をつけてはみたが、そうしてみたところでやはり、『モーターサイクル南米旅行日記』の鋭く率直な観察の記述にあふれた、生き生きした旅の記録としての魅力は少しも薄れなかった。だからこそこの本が、チェ・ゲバラについての知識のあるなしにかかわらず幅広い読者の手に渡り、そのすがすがしさと軽快さと現実を見つめる真剣なまなざしが伝わってくれればという願いを込めて、このあとがきを書きたいと思う。

メキシコ留学中にある旅先で、博物館からなかなか出てこない友人を待っていた私は、みやげ物屋の店先にぶら下がっている板に書かれた文章を、何気なく読んでいた。キッチンなどに飾られたりしているのをよく見る、宗教的な教訓めいたことや、生活の心得などが書かれたあれだ。暇つぶしに一枚一枚読んでいたのだが、一つだけ心に焼き付いて離れなくなった文章があった。簡単に要約すれば、こんなことが書いてあった。ある時一人の男が、「砂漠に行って小石を拾いなさい。そうすれば、喜びと悲しみを同時に感じるだろう」というお告げを聞いた。そこで彼は砂漠に行って、幾つかの石ころを拾ってくるのだが、翌朝になってみると、それらの石ころはすべてルビーやエメラルドといった宝石に姿を変えていた。それを見て男は、お告げの通りに石を拾ったことに大喜びし、同時にもっとたくさん拾わなかったことを後悔して悲しんだというのだ。そして最後に、「学習においてもしばしばこれと同じことが起こる」と一言添えられていた。

　私がふとこの話を思い出したのは、ゲバラの父親が英語版の『モーターサイクル南米旅行日記』の序として寄せた文章の中で、彼の「学ぶこと」に対する貪欲なまでの情熱に言及するのを読んだときだった。彼にとって、旅に対する情熱はそんな「学ぶこと」に対する情熱の一部であった、と述べられていた。彼はこの旅で満足なだけ小石を拾っただろうか？　そしてそれによってどんな喜びや悲しみを得たのだろうか？

　今日、日本のような国では、海外旅行までがごく身近なものになり、私たちはテレビや本といった媒体を通してだけではなく、さまざまな土地のさまざまな現実を自分自身の目で見、体で感じることができるという、非常に恵まれた環境にいる。どんな旅のしかたをするかも、ある程度自由に選択することができる。チェ・ゲバラが友人のアルベルト・グラナードと南米を縦断する旅に出たのは、今から四十五年以上も前のことであり、その頃は今日ほど外国を旅することはたやすくなかっただろうが、「知りたい」という強い意志の前にどんな障害も屈しないわけにはいかなかったのだ。しかも、旅のスタイルがその旅の意義を決定する重要な要素になることを、どんな旅をすれば一つでも多くの石を見落とさず拾い上げることができるかを、彼らはすでに知っていたようだ。二人は中古のオートバイにまたがって出発し、お金をほとんどもたず、ゆく先々の人びとの好意に頼り、それがかなわなければ野宿し、オートバイが動かなくなってからはヒッチハイクしたりいかだに乗ったり、ときには船にもぐり込んで密航者となった。インカの遺跡に関する詳細な記述は本文中でも際立っているが、その中でゲバラは、ペルー在住のアメリカ人のクスコ見物について「一般的に、リマから直接飛行機で来て、クスコを見てまわり、遺跡を訪ねて、それ以上の関心を示すこともなく戻っていくのだ（『ただ、クスコ』）」と書いている。

ゲバラはまた同時に非常な読書家であったようで、この旅の日記の中にも、旅先で図書館を訪れてその地に関する知識を深めているのが見て取れるくだりがある。しかし読書によるだけではなく、旅すること自体が彼にとってかけがえのない学習であることが、読んでいる側にもよく伝わってくる。このようなやり方で旅をしたのは、ゲバラにとってこれが初めての経験ではない。彼は以前から、学期の変わり目の休暇が来ると、モーターを取り付けた自転車でアルゼンチン国内を旅していたという。この南米旅行を始めるより前に、彼にとって旅をするということは、すでに「学ぶことに対する情熱の一部」となっていたのだ。しかも、『モーターサイクル南米旅行日記』の文章を読めば明らかなように、彼は旅そのものを楽しむすべもよく知っていた。彼が皮肉にも誇らしげに披露するいたずらや冒険のエピソードを読めば自然な笑いに誘われるし、ときには読む者を呆れ果てさせるような事件も起こす。彼はこうして心から旅を楽しみつつ、同時に多くのことを学ぶことを知っていたのだ。

旅をするとき、私たちはいろいろな現実を見る。しかしここでいう現実とは、誰が見ても同じ現実であるとは限らない。極端な場合には、ある人の目には見える現実が、他の人の目には全く見えないということさえあり得るのだ。私たちの目と現実との間には、何かフィルターのようなものがあると言っても良いだろう。このフィルターは、社会的通念や常識、育った環境や教育によって培われた人間性や価値観、それまでの経験や知識といったものによって形成される。ときにはそのフイルターが「無知」そのものであることも考えられる。「無知」はしばしば私たちの目からある現実を覆い隠してしまうからだ。また、自分の目の前に置かれているフィルターがどんなものであるのか、客観的に観察できるような機会は少ないし、自分の見ている現実がそのようなフィルターを透過して得られたものであるということにもなかなか気がつかないものだ。

ある種の旅は、自分の目の持つそんなフィルターの性質を知る機会を与えてくれ、またそのフィルターを変化させるだろう。きのうただの小石でしかなかったものが、かけがえのない宝物に姿を変えるときだ。そしてそれは自分自身について学ぶ過程、変化の過程にもなりうるのだ。だがここで「自分自身の本当の姿を知る」と書いたのは、「革命の戦士　チェ・ゲバラ」がこの旅で生まれたかのように言いたいからではない。彼はペルーで喘息の老女を診察したとき、彼女の苦しみを和らげるための医師の無力さを痛感し、このような人びとが人としての尊厳をもって生きることができるようになるには、「ばかげた身分制度に基盤をおいた物事の秩序」によって成り立っている社会が変革されねばならない、と述べている。それでもやはり彼は、「よい医師」として必要に迫られている人びとの力になりたいという考えを棄てなかったようだし、ハンセン病を研究したいという情熱も強かった。実際、この旅を終えて大学を卒業し、医学博士となったゲバラは、間もなくカラカスに残ってハンセン病療養所で働いていたグラナードと合流するという約束を果たすべく、再びアルゼンチンをあとに旅立っていくのである。

南米大陸を北上するこの旅を通じて、自らの体験をもとに貪欲にその社会の抱える問題に対する知識を蓄え、鋭い分析を加えていったゲバラは、同時に「自分自身」に近づいていったのだと言えるだろう。彼はアルゼンチンに生まれたにもかかわらず、キューバやコンゴやボリビアで、そして世界のどのような場所であっても、そこに住む人びとを苦しめている「不正」をただすために自らの命も惜しまないということを、のちに行動によって示している。彼はどこかの国の国民であろうとしたのではなく、チェ・ゲバラという一人の人間であったのだ。「聖ゲバラの日」の中のこんな文章が、この旅が彼をいかに自分自身に、自由な一個の人間に近づけていったかを、私たちに物語ってくれる。

「……私たちはたいした人間ではないので、あなた方の主張の代弁者となることはできませんが、はっきりしない見せかけだけの国籍によってアメリカが分けられているのは、全くうわべだけのことだと、この旅の後では前よりももっとはっきりと、考えています。……」

『モーターサイクル南米旅行日記』を読んでいくと、この青年が旅の間に拾っていった小石が宝となって彼を豊かにするのが分かる。板に書かれた話の男は「小石をなぜもっと拾わなかったのか」と嘆いたが、宝石が今度は新しい不安や悲しみの原因となりうるのと同じように、「学ぶ」ことはときに私たちを苦しめる。「学べなかった」ことに対する後悔や嘆きよりも先にやってくるのは、「学ぶ」ことによって得た新しいフィルターのためにより多くのことが鮮明に見えてしまう苦しさだ。ちょうどゲバラが、先に言及した喘息の老女をとりまく状況に対して医者としての自分の無力さに苦悩したように。しかし同時に知識が彼を自由にしていくのも分かる。自分にとって「公正なこと」がどんなものであるのかがはっきりし、問題があればそれがどんな場所であっても自分にとって同じく問題であると確信するようになり、一人の人間として、それらの問題を冷静に分析しているのが分かる。

しかし、あまりにも彼の「その後」を意識してこの本を読むべきではないだろう。ここに描かれたのは、その時その場所で、その時の彼が見たことや感じたことであり、その新鮮さが損なわれることなく読者に伝えられるべきであると、彼自身が述べている（「以下のことをご了承ください」）。私たちは、彼がどんな人物であったのか、どんな情熱に動かされていたのか、どんな自分を発見したのか、旅をつうじて一人の人間がどんなものを得ることができるのかということを、「チェ・ゲバラ」という名前から連想されてしまうイメージから少し離れて、ここにある文章から直接感じとってみてはどうだろうか。ここにあるのはときに面白くおかしく、ときには真剣な調子で、彼の見た一つの現実をあたかも彼の伴走をしているがごとく私たちに鮮明に伝えてくれる、そんな文章なのだから。

一九九七年九月五日

訳者

【翻訳者紹介】

棚橋加奈江（たなはしかなえ）
1971年岐阜県大垣市に生まれる。
ラテンアメリカ地域研究、開発経済学を学ぶ。
1995～96年、メキシコに留学。
翻訳書に、エルネスト・チェ・ゲバラ著『チェ・ゲバラ AMERICA放浪書簡集』（現代企画室、2001年）
共訳書に、サパティスタ民族解放軍著『もう、たくさんだ！：メキシコ先住民蜂起の記録①』（現代企画室、1995年）

増補新版
チェ・ゲバラ　モーターサイクル南米旅行日記

発行　2004年9月24日　初版第1刷
　　　2004年10月8日　初版第2刷　2000部
定価　2200円＋税
著者　エルネスト・チェ・ゲバラ
翻訳者　棚橋加奈江
編集者　太田昌国
発行者　北川フラム
発行所　現代企画室
101-0064東京都千代田区猿楽町2-2-5-302
TEL03-3293-9539　FAX03-3293-2735
E-mail　gendai@jca.apc.org
URL　http://www.jca.apc.org/gendai/
振替　00120-1-116017
印刷・製本　中央精版印刷株式会社
ISBN4-7738-0408-4 C0026 Y2200E

現代企画室《チェ・ゲバラの時代》

エルネスト・チェ・ゲバラとその時代
コルダ写真集
ハイメ・サルスキー/太田昌国＝文
A4判/120P/1998・10刊

ゲバラやカストロなどの思いがけぬ素顔を明かし、キューバ革命初期の躍動的な鼓動を伝える写真集。世界でいちばん普及したと言われるあのゲバラの思い詰めた表情の写真も、コルダが撮った。写真を解読するための文章と註を添えて多面的に構成。 2800円

ゲバラ　コンゴ戦記1965
パコ・イグナシオ・タイボほか＝著
神崎牧子/太田昌国＝訳
46判/376P（口絵12P）/1999・1刊

65年、家族ともカストロとも別れ、キューバから忽然と消えたゲバラ。信念に基づいて赴いたコンゴにおけるゲリラ戦の運命は？　敗北の孤独感を嚙み締める痛切なその姿を、豊富な取材によって劇的に明らかにした現代史の貴重な証言。詳細註・写真多数。 3000円

「ゲバラを脱神話化する」
太田昌国＝著
新書判/176P/2000・8刊

「英雄的なゲリラ戦士」の栄光に包まれてきたゲバラを、悩み、苦しみ、傷つき、絶望する等身大の人間として解釈しなおし、新しいゲバラ像を提起する。ゲリラ・解放軍・人民軍の捉えかえしのための試論も収めて、変革への意志を揺るぎなく持続する。 1500円

チェ・ゲバラAMERICA放浪書簡集
ふるさとへ1953—56
エルネスト・ゲバラ・リンチ＝編
棚橋加奈江＝訳
46判/244P（口絵８P）/2001・10刊

医学を修めたゲバラは、ベネスエラのライ病院で働くために北へ向かう。途中で伝え聞くグアテマラの革命的激動。そこに引き寄せられたゲバラはさらにメキシコへ。そこでカストロとの運命的な出会いを果たした彼はキューバへ。波瀾万丈の若き日々。 2200円

革命戦争の道程・コンゴ
エルネスト・チェ・ゲバラ＝著
神崎牧子／太田昌国＝訳
近刊

コンゴにおけるゲバラたちの命運は、すでに上記のタイボたちの労作が客観的に明らかにした。その後キューバ政府はゲバラ自身のコンゴ野戦日記を公表、本書はその全訳。ゲバラが自ら書き残したコンゴの日々の記述が、読者の胸に迫るだろう。

チェ・ゲバラ　ふたたび旅へ
第２回中南米旅行日記
エルネスト・チェ・ゲバラ＝著
棚橋加奈江＝訳
近刊

チェ・ゲバラは、生涯を通じて、自らが辿った足跡を、実によく日記や手紙に遺している。これは、1953年から56年にかけての、２回目の中南米旅行の日記。家族に宛てた手紙の表現ともちがう、若きゲバラの心の内面が伝わってくる。ゲバラ撮影の写真を多数収録。

現代企画室《新しいラテンアメリカ文学》

その時は殺され……
ロドリゴ・レイローサ＝著
杉山晃＝訳

46判/200P/2000・1刊

グアテマラとヨーロッパを往復する独自の視点が浮かび上がらせる、中米の恐怖の現実。ぎりぎりまで彫琢された、密度の高い、簡潔な表現は、ポール・ボウルズを魅了し、自ら英訳を買って出た。グアテマラの新進作家の上質なサスペンス。 1800円

船の救世主
ロドリゴ・レイローサ＝著
杉山晃＝訳

46判/144P/2000・10刊

規律を重んじ、禁欲的で、完璧主義者の模範的な軍人が、ある日、ふとしたことから頭の中の歯車を狂わせた時に、そこに生じた異常性はどこまで行き着くのか。ファナティックな人物や組織が陥りやすい狂気を、余白の多い文体で描くレイローサ独自の世界。1600円

センチメンタルな殺し屋
ルイス・セプルベダ＝著
杉山晃＝訳

46判/172P/1999・7刊

『カモメに飛ぶことを教えた猫』の作家の手になるミステリー２編。パリ、マドリード、イスタンブール、メキシコと、謎に満ちた標的を追い求めてさすらう殺し屋の前に明らかになったその正体は？　中南米の現実が孕む憂いと悲しみに溢れた中篇。 1800円

ヤワル・フィエスタ
(血の祭り)
ホセ・マリア・アルゲダス
杉山晃＝訳

46判/244P/1998・4刊

アンデスと西洋、神話と現実、魔法的なものと合理主義、善と悪、近代化と伝統、相対立するちからが、ひとつの存在のなかでうごめき、せめぎあう。スペイン語とケチュア語が拮抗しあう。幾重にも錯綜し、強力な磁場を放つアルゲダス初期の名作。 2400円

南のざわめき
ラテンアメリカ文学のロードワーク
杉山晃＝著

46判/280P/1994・9刊

大学生であったある日、ふと出会った『都会と犬ども』。いきいきとした文体、胸がわくわくするようなストーリーの展開。こうしてのめり込んだ広い世界を自在に行き交う水先案内人、杉山晃が紹介する魅惑のラテンアメリカ文学。 2200円

ラテンアメリカ文学バザール
杉山晃＝著

46判/192P/2000・3刊

『南のざわめき』から６年。ブームの時代の作家たちの作品はあらかた翻訳出版され、さらに清新な魅力に溢れた次世代の作家たちが現われてきた。水先案内人の舵取りは危なげなく、やすやすと新しい世界へと読者を導く。主要な作品リスト付。 2000円